Instructor's Resource Manual

DE PASEO

Second Edition

Donna Reseigh Long
The Ohio State University

Janice Lynn Macián
The Ohio State University

HH Heinle & Heinle Publishers ITP
an International Thomson Publishing company
Boston, Massachusetts 02116

Boston • Albany • Bonn • Cincinnati • Detroit • Madrid • Melbourne • Mexico City • New York • Paris •
San Francisco • Singapore • Tokyo • Toronto • Washington

CREDITS

Capítulo 1: p. 2 *El Nuevo Día (PR).* 17-1-97: 70.

Capítulo 2: p. 14 *Conozca más.* Edición No. 2-09; p. 26.

Capítulo 3: p. 19 *El comercio.* 18-5-97: B8.

Capítulo 4: p. 27 *Clara.* Abril 1996.

Capítulo 5: p. 34 *ABC.* 14-5-90: pp. 76-77.

Capítulo 6: p. 42 *Clara.* Abril 1996: 148; **p. 46** *Muy interesante.* Abril 1994: 75.

Capítulo 7: p. 50 *Moderna: The Latina Magazine.* Fall 1997: 28.

Capítulo 8: p. 58 *Muy interesante.* Año VIII, no. 3: 55; **p. 62** *Prensa Libre.* 17-7-94: 15.

Capítulo 9: p. 68 *Miami Herald.* 31-10-93: 7F.

Capítulo 10: p. 74 *Eres.* Marzo 1997; **p. 78** *Diario de Juárez.* 12-29-97: 7D.

Manufactured in the United States of America

ISBN: 0-8384-8116-7

10 9 8 7 6 5 4 3 2 1

CONTENIDO

PREFACE

The testing program to accompany *De paseo,* **Second Edition,** consists of ten chapter examinations. Each examination includes the following sections.

- *Comprensión auditiva:* an instructor-read[1] passage to which students listen and relate the principal ideas.
- *Lectura:* realia-based reading selection.
- *Lenguaje y gramática:* a combination of open-ended and controlled-response activities that evaluate grammar and vocabulary in context.
- *Redacción:* a writing activity based on the chapter theme.

The script for the *Comprensión auditiva* and an answer key appear at the end of each examination. The *Comprensión auditiva* passages are to be read by the instructor, whose voice is already familiar to the students. Although audio and videotaped listening materials are recommended for classroom use and out-of-class practice, they may complicate the testing process by introducing unfamiliar voices and dialects. It is recommended that the passages be read twice at the instructor's customary speech rate with slight pauses at the end of each breath group.

In order to facilitate scoring procedures, each examination is valued at 100 points. Point values for each section are given in parentheses so that students may adjust their time and test-taking strategies accordingly. The examinations are calculated to be finished in a 45–50-minute class period, provided that students are thoroughly familiar with the chapter content.

Instructors should feel free to use the testing materials intact or to adjust them by adding and/or deleting items, adjusting the point values accordingly. Items from several tests may be recombined to form midterm and final examinations.

Mosaico cultural includes ten segments that feature both narrated background information and unscripted interviews with authors, musicians, professionals, and others. These video segments offer students a unique opportunity to view Spanish-speaking people express their thoughts about themselves and their communities. This unfiltered approach to culture permits significant insights into the communities represented. Here are suggestions for how to work with the *Mosaico cultural* video so that it can be used as an integral part of a well-planned lesson.

1. Preview the video yourself.
2. Familiarize yourself with the operation of VCR and monitor.
3. Use a three-stage teaching approach:
   - Previewing (preparation)
     - Contextualize
     - Brainstorm/hypothesize
     - Provide cultural information
     - View without audio
     - Teach key vocabulary
     - Focus attention
   - Viewing (presentation)
     - Focus on specific task(s)
   - Postviewing (expansion)
     - Check comprehension
     - Incorporate other skills (speaking, reading, writing)
     - React
     - Discuss
     - Analyze
     - Compare and contrast
     - Expand on video content
4. Don't expect students to understand everything. In fact, tell students that they are not expected to understand every word. Rather, have them focus on one or two aspects of the video at a time. Discuss these aspects and then play the video again, focusing on new tasks.
5. When videos are lengthy, show them in short segments with time for comprehension checks between segments.
6. Encourage students to engage mentally in the viewing tasks. Center tasks around the students, not yourself.
7. Use the video guides in the textbook to help you prepare your video lesson.

EVALUATING SPEAKING SKILLS

The authors strongly recommend the evaluation of oral performance. Students should prepare for oral testing in several ways:

- completing the pair and small-group activities in the in-class textbook.
- completing the activities in the *Enlace* section at the end of each chapter.
- taking part in the *Cultura en acción*.

Students may be tested individually or in pairs at previously arranged times. Many of the pair activities in *De paseo* lend themselves to oral testing situations. Students' performances may be evaluated by the instructor alone or by another rater. The performances may be audiotaped and evaluated after the test has been administered. The authors recommend a holistic grading approach comprising of three elements:

- Comprehensibility: focuses on message.
- Appropriateness: focuses on content.
- Accuracy: focuses on correct pronunciation, grammar, and vocabulary.

The following scale may be used as a guideline for evaluating speaking skills.

Scale for Evaluating Speaking Proficiency			
Score	Comprehensibility of message	Appropriateness of content	Accuracy of grammar, pronunciation, and vocabulary
5	Message totally comprehensible	All responses appropriate	Almost perfect grammar, pronunciation, and vocabulary
4	Majority of message comprehensible	Most responses appropriate	Majority of grammar, pronunciation, and vocabulary accurate
3	About half of message comprehensible	About half of responses appropriate	About half of grammar, pronunciation, and vocabulary accurate
2	Less than half of message comprehensible	Less than half of responses appropriate	Less than half of grammar, pronunciation, and vocabulary accurate
1	Message almost totally incomprehensible	Almost none of responses appropriate	Grammar, pronunciation, and vocabulary almost totally inaccurate
0	Message totally incomprehensible or no attempt made to communicate	No appropriate responses or no attempt made to communicate	Grammar, pronunciation, and vocabulary totally inaccurate or no attempt made to communicate

Scoring template

Comprehensibility: [5 4 3 2 1 0] x 6 points = _____

Appropriateness: [5 4 3 2 1 0] x 7 points = _____

Accuracy: [5 4 3 2 1 0] x 7 points = _____

Total: = _____ (maximum = 100 points)

EVALUATING WRITING SKILLS

De paseo, **Second Edition**, contains ample opportunities for learners to develop their writing skills. In the *Diario de actividades*, the *Cuarta etapa: Expresión* introduces learners to various types of writing and guides them through the writing process. Following this structured writing practice, there are suggestions for using the computer in the writing process and a free-writing activity, *Mi diario*. In the *Enlace* section of the textbook, a peer-editing activity encourages learners to look at each other's compositions with a critical eye to organization, content, and accuracy. The following chart may be used as a guideline for evaluating writing skills.

Scale for Evaluating Compositions			
Score	Comprehensibility	Score	Accuracy
50	Message totally comprehensible	50	Almost perfect grammar, spelling, and vocabulary
40	Majority of message comprehensible	40	Majority of grammar, spelling, and vocabulary accurate
30	About half of message comprehensible	30	About half of grammar, spelling, and vocabulary accurate
20	Less than half of message comprehensible	20	Less than half of grammar, spelling, and vocabulary accurate
10	Message almost totally incomprehensible	10	Grammar, spelling, and vocabulary almost totally inaccurate
0	Message totally incomprehensible	0	Grammar, spelling, and vocabulary almost inaccurate

Scoring template

Comprehensibility (effectiveness of organization, communication, content, and vocabulary) = ____ pts.

Accuracy (control of grammar, spelling, and punctuation = ____ pts.

Total: = ____ pts.

*Nuestras horas son minutos
cuando esperamos saber,
y siglos cuando sabemos
lo que se puede aprender.*

Antonio Machado y Ruiz
Proverbios y cantares

long.25@osu.edu
macian.1@osu.edu

TESTING PROGRAM

NUESTRA MÚSICA

COMPRENSIÓN AUDITIVA

A. Mi hermana Gloria Estefan...   En este capítulo, has leído sobre Gloria, su marido y sus hijos. Ahora, tu instructor/instructora va a leer una entrevista con la hermana de la superestrella. Después de escucharla dos veces, completa el formulario siguiente **en inglés.** [20 puntos]

1. Gloria's sister's feelings toward Gloria _____

   _____

   _____

   _____

   _____

2. Childhood memories: _____

   _____

   _____

   _____

   _____

3. Teenage memories: _____

   _____

   _____

   _____

   _____

4. Adult life: _____

   _____

   _____

   _____

   _____

LECTURA

B. Graban auténtica música indígena.
El texto siguiente trata de la música indígena de Guatemala. Lee el artículo y contesta las preguntas brevemente **en inglés con tus propias palabras.** [20 puntos]

Graban auténtica música indígena

Coban, Guatemala. Los casi 100 músicos, vestidos con pantalones vaqueros viejos y camisas a cuadros, son indios kekchi, que hablan su propio dialecto y español.

Los kekchi son uno de los 24 grupos étnicos de Guatemala cuya música está siendo grabada, en una carrera contra el tiempo, por el Gobierno guatemalteco, que quiere preservar los sonidos tradicionales mientras todavía están vivos.

Los kekchi elaboran su música lenta y sombría con arpas de mano, tambores, violines, guitarras y flautas de madera. Las melodías se utilizan normalmente para venerar a los muertos.

El proyecto gubernamental, que fue lanzado en 1989 y cuya terminación se espera que lleve unos diez años, representa la primera vez que la música tradicional de este país centroamericano se graba comercialmente.

Otras grabaciones realizadas hasta ahora presentan el reggae de la costa atlántica y los suaves sonidos de arpa y violín que tocan los indios de Totonicapán, en las colinas occidentales.

Muchos de los músicos viven en remotas zonas montañosas y convencerles para que bajen a un estudio de sonido en una ciudad extraña, para registrar su música y fotografiarles, exige a veces una alta dosis de convencimiento.

Los instrumentos de los kekchi son tan únicos como su música. Cuando los kekchi elaboran sus marimbas y flautas, utilizan solamente maderas de árboles especiales. Cortan los árboles solamente cuando hay luna llena y sólo con machete, nunca con máquinas. Algunos de ellos no suenan exactamente perfectos y la música puede ser simple, pero cuando tocan, tocan con sentimiento.

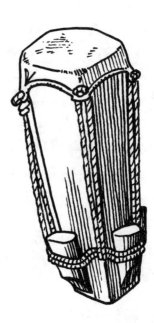

1. How do the musicians dress? (1 punto)

   _____

2. How many languages do they speak? Which ones? (2 puntos)

   _____

3. Who wants to record the indigenous music? Why? (2 puntos)

   _____

   _____

   _____

4. Describe the music of the kekchi. (5 puntos)

   _____

   _____

   _____

   _____

5. Do you think they want to relocate to the city? Why or why not? (5 puntos)

   _____

   _____

   _____

   _____

6. Describe the instruments of the kekchi. (5 puntos)

   _____

   _____

   _____

   _____

LENGUAJE Y GRAMÁTICA

C. Mi música favorita. ¿Quién es tu músico favorito? Completa las oraciones siguientes de una manera original con información sobre tu músico favorito. No repitas información. [10 puntos, 2 puntos cada oración]

1. Mi músico favorito es _____.

2. Su estilo es _____.

3. Me gusta su música porque _____.

4. Recomiendo su disco compacto _____.

5. Prefiero escuchar _____.

D. ¿Qué están haciendo?   ¿Qué están haciendo las personas en el club tropical? Mira la ilustración, y escribe una breve descripción usando verbos diferentes. No repitas información. [10 puntos, 2 puntos cada oración]

1. _____

_____

2. _____

_____

3. _____

_____

4. _____

_____

5. _____

_____

E. Entrevista.   ¿Te gustaría entrevistar a un músico latino? Usando elementos de las columnas siguientes en cualquier orden, escribe seis preguntas en español que le harías. Usa el pronombre formal (usted) en tus preguntas. ¡Claro que puedes agregar más información! [10 puntos, 2 puntos cada oración]

A	B
agradecer	a otros músicos
conocer	a sus aficionados
ensayar	estilos de música
hacer	muchos conciertos
ofrecer	música tradicional
poner	tocar un instrumento
saber	todos los días

1. _____
   _____

2. _____
   _____

3. _____
   _____

4. _____
   _____

5. _____
   _____

F. Gustos y preferencias.   ¿Qué opinas sobre el reggae? ¿y el tango? Usando una variedad de verbos, explica gustos y preferencias en música de las personas siguientes. [10 puntos, 2 puntos cada oración]

■ **Ejemplo:** *A nosotros nos gusta la música clásica.*

yo	aburrir
mis amigos	encantar
mis parientes	faltar
mi compañero/compañera	fascinar
mi profesor/profesora	importar
la clase de español	interesar
¿ ?	molestar
	parecer

1. _____

2. _____

3. _____

4. _____

5. _____

REDACCIÓN

G. Mi disco favorito. ¿Cuál es tu cassette o CD favorito? Piensa en las canciones, el estilo de la música y los instrumentos y cantantes que forman las diferentes composiciones. Después, escribe una descripción de ocho a diez oraciones sobre tu selección musical. [20 puntos]

_____

_____

_____

_____

_____

_____

_____

_____

_____

_____

_____

_____

_____

_____

_____

_____

_____

_____

_____

_____

_____

_____

_____

_____

_____

_____

_____

_____

CAPÍTULO 1: *SCRIPT FOR* COMPRENSIÓN AUDITIVA

Mi hermana Gloria Estefan...

A través de los años me han preguntado varias veces qué es ser la hermana de Gloria Estefan. Para esta pregunta sólo tengo una respuesta: para mí ella es mi hermana, no Gloria Estefan. Me considero muy afortunada porque aunque ella se ha convertido en una superestrella, nunca ha dejado de ser una superhermana. Desde que recuerdo, Gloria ha sido una constante en mi vida. Cuando pienso en nuestra infancia, me vienen a la memoria varias anécdotas. Y no puedo dejar de reír cuando recuerdo aquella vez en que a Gloria le regalaron un juego para científicos. Tenía doce años y no hubo insecto que se escapara de sus autopsias, operaciones y experimentos. Ni yo logré salir sin ser su paciente. Me pinchó los diez dedos para examinar mi sangre. Yo le decía: «Gloria... ¡sí, la sangre es la misma en cualquier dedo!» Pero hasta que no me pinchó todos no se quedó satisfecha.

Cuando íbamos al colegio, ella era mi héroe, mi amiga, mi profesora y siempre encontraba un momento para mí. Gloria me llevó a mi primer baile, y estuvo allí junto a mí, la primera vez que alguien destrozó mi corazón.

Aún ahora, que somos adultas, siempre voy donde está ella a consultarle mis problemas y mis decisiones. En este momento tengo la oportunidad de compartir su triunfo no sólo como hermana sino como parte del equipo de Miami Sound Machine. Realmente es grato saber que de alguna manera puedo ayudarla y facilitarle muchas cosas con el mismo amor que ella me ha demostrado siempre.

CAPÍTULO I: *ANSWER KEY*

COMPRENSIÓN AUDITIVA

A. Mi hermana Gloria Estefa... *Answers will vary slightly.*

1. She considers herself fortunate because she is a sister of a "superhuman" being.
2. Gloria received a science kit and began to operate on insects and her sister. She drew blood from all her sister's ten fingers.
3. Gloria was her hero, her friend, her teacher, and was always there for her. She took her to her first dance and was with her to share her first broken heart.
4. She always consults Gloria about her problems and decisions. She is also part of the Miami Sound Machine.

LECTURA

B. Graban auténtica música indígena. *Answers will vary slightly.*

1. old jeans and checked shirts
2. two, their own dialect and Spanish
3. the Guatemalan government; to preserve the traditional sounds while they still exist
4. slow, solemn; to honor the dead
5. *Answers will vary.*
6. hand-held harps, drums, violins, guitars, flutes; unique, original, handmade of special wood; not perfect, but rustic

LENGUAJE Y GRAMÁTICA

C. Mi música favorita. *Answers will vary.*

D. ¿Qué están haciendo? *Answers will vary.*

E. Entrevista. *Answers will vary.*

F. Gustos y preferencias. *Answers will vary.*

REDACCIÓN

G. Mi disco favorito. *Answers will vary.*

YUCATÁN:

un lugar inolvidable

COMPRENSIÓN AUDITIVA

A. Descubrimientos en el mundo maya. Este reportaje trata de algunos descubrimientos recientes sobre la enigmática cilivización maya. Tu instructor/instructora va a leer un informe sobre las investigaciones arqueológicas de los últimos diez años. Después de escucharlo dos veces, escribe **en inglés** la idea principal y todos los detalles (por lo menos cinco) que comprendiste.
[20 puntos]

Main idea

_____

_____

_____

Details

_____

_____

_____

_____

_____

_____

_____

_____

_____

_____

_____

_____

_____

_____

_____

_____

LECTURA

B. Información turística de la costa. El texto siguiente es de un folleto turístico de Yucatán. Lee la información y escribe **en inglés** una tarjeta postal a unos compañeros describiendo tres lugares que puedes visitar. [20 puntos]

Información turística de la costa

Desde el esplendor de la cultura maya hasta nuestros días, el Caribe ha sido un centro de gran actividad económica y cultural

Puerto Morelos es el puerto más antiguo de México. En este puerto se pueden abordar los barcos que transportan automóviles y camiones de carga hasta la Isla de Cozumel. Puerto Morelos ofrece también un lugar donde se pueden comer pescado y mariscos, ya que éste ha sido, tradicionalmente, un centro de pesca en el Caribe.

Playa del Carmen es una ciudad portuaria. Aquí puede encontrarse un ambiente casual y un paisaje de gran belleza natural. El Zócalo central es el lugar de reunión, y está cerca de una espléndida playa pública y del mercado de artesanías, con tiendas y restaurantes.

Puerto Aventuras es el lugar de la Nueva Civilización en el Caribe maya. Es el lugar apropiado para practicar el fascinante deporte de la pesca, ya que en sus aguas pueden capturarse especies como el marlín y el dorado. Es el paraíso de los pescadores.

Xel-ha, cuyo nombre significa «agua clara», se considera el más grande y bello acuario natural del mundo, rodeado de una vegetación impresionante. Se ven hermosos peces tropicales en sus tranquilas aguas en las que se puede apreciar esta bella especie de la naturaleza.

En Tulum se siente la magia de uno de los centros más importantes de la cultura maya. Es la ciudad amurallada más grande de la costa del Caribe, y se cree que fue un dinámico centro comercial y ceremonial.

Nombre _____ Fecha _____

LENGUAJE Y GRAMÁTICA

C. ¿Qué son? La leyenda de Sak-Nicté es un cuento de amor entre dos jóvenes mayas. Escribe una descripción breve o una definición de las siguientes palabras de este cuento. No repitas información. [10 puntos, 2 puntos cada oración]

1. guerrero: _____

2. doncella: _____

3. cacique: _____

4. balché: _____

5. banquete: _____

D. La vida del pasado. ¿Cómo vivía la civilización maya hace casi 1000 años? Completa las oraciones siguientes con la forma adecuada del verbo en el imperfecto. [10 puntos, 2 puntos cada verbo]

1. La gente _____ (adorar) a los dioses del sol, de la luna, de la lluvia y de la tierra.

2. Las tribus indígenas _____ (construir) fortalezas contra invasores.

3. _____ (enterrar) a los muertos en tumbas.

4. En los centros ceremoniales _____ (haber) pirámides, templos y altares.

5. Los sacerdotes _____ (ofrecer) sacrificios de animales y, a veces, de seres humanos.

E. Chichén Itzá. Lee la descripción de Chichén Itzá y los trabajos de restauración. Completa las oraciones siguientes con la forma adecuada del verbo en el pretérito. [10 puntos, 2 puntos cada verbo]

Chichén Itzá es una de las zonas arqueológicas más visitadas del área maya.

(1) _____ (ser) la Institución Carnegie de Washington quien

(2) _____ (comenzar) los trabajos de restauración bajo la dirección

del arqueólogo norteamericano Morley, quien **(3)** _____ (ir) a Chichén

Itzá por primera vez en 1907.

Después de muchas conversaciones con el gobierno mexicano, al fin, en 1923, Morley

(4) _____ (concluir) los arreglos para la realización de los trabajos que los

arqueólogos **(5)** _____ (poner) en marcha en 1924, terminando en 1933.

F. Historia de la cocina maya. Lee el artículo sobre la cocina maya y completa las siguientes oraciones con la forma adecuada del verbo en el imperfecto o en el pretérito. [10 puntos, 2 puntos cada verbo]

La cocina maya está reconocida por el uso del omnipresente maíz, la base de muchos de

los platos. El maíz **(1)** _____ (ser) cultivado primero alrededor del año

7000 a.C. y rápidamente **(2)** _____ (obtener) la fama de tener propiedades

mágicas para los indígenas, quienes lo **(3)** _____ (tener) como un dios. Tal

(4) _____ (ser) su importancia que en el mito de la creación de los antiguos mayas se menciona que los dioses **(5)** _____ (crear) al hombre en forma de mazorcas.

REDACCIÓN

G. Tu cultura. Describe tu propia cultura en un párrafo coherente de diez a doce oraciones. Incorpora varios elementos en el párrafo, por ejemplo: el arte, la religión, invenciones, trabajos y actividades típicos, fechas históricas, etc. Usa las formas adecuadas de los verbos en el presente, en el imperfecto y en el pretérito y una variedad de pronombres. [20 puntos]

_____

_____

_____

_____

_____

_____

_____

_____

_____

_____

_____

_____

_____

_____

_____

_____

_____

_____

_____

_____

_____

_____

_____

_____

CAPÍTULO 2: *SCRIPT FOR* COMPRENSIÓN AUDITIVA

Descubrimientos en el mundo maya

Arqueólogos siguen descubriendo nuevos secretos en las zonas mayas. En la región de Copán, Honduras, se ha encontrado en una tumba de la zona arqueológica maya hondureña, los restos del rey Nenúfar Jaguar, muerto entre el 600 y el 700 de nuestra era. Según los estudios del equipo arqueológico formado por especialistas de la Universidad de Pennsylvania en Estados Unidos y del Instituto Hondureño de Antropología e Historia, Nenúfar Jaguar fue sepultado en una tumba construida con lava volcánica. El rey murió joven, a los veintiún años de edad, tras gobernar durante cinco años. El joven líder fue el séptimo de la dinastía maya. Sus restos estaban depositados debajo de una escalinata y se conservan en buenas condiciones con brazaletes y collares de jade y oro.

En cuanto a los hallazgos de Palenque, éstos consisten en una tumba y en una pequeña cripta ubicadas en el templo número Tres de la zona arqueológica. En ellas se encontraron el esqueleto de un adulto de 1,65 metros de estatura que, al parecer, fue decapitado como parte de una ofrenda a un importante personaje sepultado seguramente a mayor profundidad. Una vez que se estudian todos los datos de este entierro, se comenzarán los trabajos de excavación en busca de más secretos de la vida maya.

CAPÍTULO 2: *ANSWER KEY*

COMPRENSIÓN AUDITIVA

A. Descubrimientos en el mundo maya. *Answers will vary.*

LECTURA

B. Información turística de la costa. *Answers will vary.*

LENGUAJE Y GRAMÁTICA

C. ¿Qué son? *Answers will vary.*

D. La vida del pasado.

    1. adoraba **2.** construían **3.** Enterraban **4.** había **5.** ofrecían

E. Chichén Itzá.

    1. Fue **2.** comenzó **3.** fue **4.** concluyó **5.** pusieron

F. Historia de la cocina maya.

    1. fue **2.** obtuvo **3.** tenían **4.** era **5.** crearon

REDACCIÓN

G. Tu cultura. *Answers will vary.*

LA IMPORTANCIA DE SER BILINGÜE

COMPRENSIÓN AUDITIVA

A. Estudios en el extranjero. Eurocentro es un programa de estudios de idiomas en muchos países. Tu instructor/instructora va a leer una descripción de un programa de estudios en el extranjero. Después de escucharlo dos veces, escribe **en inglés** la idea principal y todos los detalles (por lo menos cinco) que comprendiste. [20 puntos]

Main idea

_____

_____

_____

Details

Description of the campus

_____

_____

_____

_____

_____

_____

_____

In the area around the school

_____

_____

_____

_____

_____

_____

_____

Actividades para el tiempo libre

_____

_____

_____

_____

_____

_____

LECTURA

B. Estudiar medicina en Ecuador. Hoy en día la idea de estudiar otras carreras como la medicina o los negocios en el extranjero está de moda. El texto siguiente es un anuncio sobre un plan de estudios para medicina en Ecuador. Lee el anuncio y escribe **en inglés cinco** de los **siete** atractivos de este programa. [20 puntos]

• _____

_____

_____

_____

• _____

_____

_____

_____

• _____

_____

_____

_____

• _____

_____

_____

_____

• _____

_____

_____

_____

¿Por qué estudiar Medicina en la USFQ?

UNIVERSIDAD SAN FRANCISCO USFQ DE QUITO

COLEGIO DE CIENCIAS DE LA SALUD

Porque es la única universidad en Latinoamérica que en la carrera de Medicina otorga dos títulos en seis años: B.A. en Humanidades y Doctorado en Medicina.

Porque el nivel de conocimiento de sus estudiantes es similar al de una escuela de medicina de los EE. UU., como lo demuestran las pruebas trimestrales de progreso.

Porque la altísima calidad de la enseñanza está garantizada al trabajar con pequeños grupos de cinco estudiantes y no con una masificación estudiantil inmanejable.

Porque el estudiante que se integra tempranamente a las comunidades rurales adquiere una visión amplia de la problemática de salud a nivel nacional con enfoque prioritario hacia la salud familiar y comunitaria.

Porque la educación centrada en el estudiante inculca en él la disciplina del autoaprendizaje de por vida, fundamental en el área médica de rápido progreso técnico.

Porque el aprendizaje basado en problemas permite al estudiante sustentar su práctica médica en el análisis crítico de la información y no en la memorización pasiva.

Porque al obtener dos carreras, el médico de la San Francisco adquiere los conocimientos para competir en otros campos del conocimiento, como el financiero, administrativo, social, cultural, artes plásticas, político, etc.

El Colegio de Ciencias de la Salud ofrece un programa riguroso y de calidad internacional dentro de la filosofía de la USFQ de formar a la persona.

Oficina de Admisiones:
Campus Cumbayá, Av. Interoceánica y Jardines del Este.
Telfs: 895-723, 24,25. Fax: 890-070.

PROXIMO EXAMEN DE INGRESO 14 JUNIO

LENGUAJE Y GRAMÁTICA

C. En el mercado global. Las oportunidades para las personas bilingües se incrementan cada día más. Contesta las siguientes preguntas sobre el mundo del trabajo usando el complemento directo cuando sea necesario. [10 puntos, 2 puntos cada oración]

1. ¿Quiénes buscan empleo en una compañía multinacional?

_____

_____

2. ¿Dónde ofrecen cursos de idiomas para negocios?

_____

_____

3. ¿Cuándo piensas tomar otro curso de español?

_____

_____

4. Para ir al extranjero, se necesita un pasaporte. ¿Dónde puedo conseguir un pasaporte?

_____

_____

5. ¿Quién(es) escribe(n) cartas de recomendaciones?

_____

_____

D. Preguntas personales. Los estudiantes universitarios viven una vida complicada. Contesta las preguntas siguientes sobre la vida estudiantil con oraciones completas, usando los pronombres de complemento directo e indirecto. [10 puntos, 2 puntos cada oración]

1. ¿Quién te da consejos?

_____

2. ¿A quién le cuentas tus secretos?

_____

3. ¿Les pides dinero a tus parientes o amigos?

_____

4. ¿A quiénes les vas a enviar una solicitud de trabajo?

_____

5. ¿Cuándo me vas a entregar el examen?

_____

E. Comparaciones. Escribe comparaciones sobre tu preparación y tu profesión del futuro, usando **cinco** de los temas siguientes. No repitas información. [10 puntos, 2 puntos cada oración]

un curso fácil   una carrera difícil
un país exótico   una compañía multinacional
un trabajo interesante   una profesión exigente

■ **Ejemplo:** programas de estudios en el extranjero

En mi opinión, los programas en México son más económicos que los programas en España.

1. _____

   _____

2. _____

   _____

3. _____

   _____

4. _____

   _____

5. _____

   _____

F. ¿Cuál es tu opinión? ¿Cuál es tu opinión sobre las personas o las actividades en la lista? Escribe **cinco** comparaciones, usando las frases siguientes. [10 puntos, 2 puntos cada oración]

actores buenos   pasatiempos divertidos
aerolíneas importantes   películas malas
ciudades peligrosas   trabajos exigentes

■ **Ejemplo:** ciudades grandes

Buenos Aires es grande. Madrid es más grande que Buenos Aires. La Ciudad de México es la más grande.

1. _____

   _____

2. _____

   _____

3. _____

   _____

4. _____

   _____

5. _____

   _____

REDACCIÓN

G. Estudiar aquí o allí.   Compara y contrasta la experiencia de estudiar el español en el extranjero con estudiar en una sala de clase en tu universidad. Menciona algunas de las ventajas y desventajas de los dos tipos de programa. [20 puntos]

_____

_____

_____

_____

_____

_____

_____

_____

_____

_____

_____

_____

_____

_____

_____

_____

_____

_____

_____

_____

_____

_____

_____

_____

CAPÍTULO 3: *SCRIPT FOR* COMPRENSIÓN AUDITIVA

Estudios en el extranjero

Estudio en East Lansing. El Campus de la Michigan State University —con sus bosques y prados, con sus zonas deportivas y con su río— constituye una de las mejores muestras del Campus típico de las universidades norteamericanas. Aquí encontrará el ambiente adecuado para estudiar y tener multitud de oportunidades para hacer contactos con estudiantes americanos así como para practicar el inglés con ellos.

En los alrededores de la escuela. East Lansing, ciudad universitaria del estado de Michigan, está construida a la medida de las necesidades de los estudiantes. En el propio Campus, uno de los más bonitos de todos Estados Unidos, que puede recorrer en autobús o en bicicleta, usted puede convivir con los propios alumnos americanos.

Actividades para el tiempo libre. Todas las instalaciones sociales y deportivas del Campus están a su disposición. La propia ciudad de Lansing tiene también mucho que ofrecer; lo mismo ocurre con el estado de Michigan, cuyos numerosos lagos valen la pena visitar. Detroit está a unos 140 kilómetros. Allí puede disfrutar de sus restaurantes, salas de conciertos, teatros, óperas o ir de compras. Un poco más lejos, a seis horas en tren, están Chicago y Toronto.

CAPÍTULO 3: *ANSWER KEY*

COMPRENSIÓN AUDITIVA

A. Estudios en el extranjero. *Answers will vary slightly.*

Descripción del campus: on the campus of Michigan State University; forests and meadows, areas for sports, and the river are one of the best examples of American university campuses; environment to study and meet American students and practice English with them

En los alrededores de la escuela: campus built to meet needs of students; one of the most attractive campuses in the U.S.; can use bus or bike and live with American students

Actividades para el tiempo libre: areas for social gatherings and sports; the city of Lansing has much to offer as well as the state of Michigan with many lakes; Detroit is only 140 kilometers away with restaurants, theaters, concerts, operas, and shopping centers; six hours away by train from Chicago and Toronto.

LECTURA

B. Estudiar medicina en Ecuador. *Answers will vary.*

LENGUAJE Y GRAMÁTICA

C. En el mercado global. *Answers will vary.*

D. Preguntas personales. *Answers will vary.*

E. Comparaciones. *Answers will vary.*

F. ¿Cuál es tu opinión? *Answers will vary.*

REDACCIÓN

G. Estudiar aquí o allí. *Answers will vary.*

LA DIVERSIÓN Y EL TIEMPO LIBRE

COMPRENSIÓN AUDITIVA

A. El buceo es para ti.   ¿Estás listo/lista para experimentar la gran aventura de visitar el increíble reino subacuático? Tu instructor/instructora va a leer una descripción de un programa para aprender a bucear en España. Después de escucharlo dos veces, escribe **en inglés** la idea principal y todos los detalles (por lo menos cinco) que comprendiste. [20 puntos]

Main idea

_____
_____
_____

Details

Learning to dive

_____
_____
_____
_____
_____
_____
_____

Importance of instruction

_____
_____
_____
_____
_____
_____
_____

Diving requirements

_____

_____

_____

_____

_____

_____

LECTURA

B. Naipes, 600 años de historia. ¿Te gusta jugar a las cartas? El texto siguiente es sobre el origen de las cartas españolas o los naipes. Lee el artículo y escribe **en inglés** la idea principal y todos los detalles (por lo menos cinco) que comprendiste. [20 puntos]

Naipes, 600 años de historia

El término «naipe» procede del árabe *na ib* que significa «el que representa», o «el que juega». El origen de este juego no está nada claro. Una de las teorías más verosímiles lo sitúa en Francia, hacia el año 1391, como pasatiempo creado para la diversión del rey Carlos VI.

En cada país la figura de sus caras varía. En España e Italia se dividen en oros —como símbolo del comercio—, copas —en representación de los cálices eclesiásticos—, espadas —como distintivo de la nobleza o estamento militar— y bastos —por la agricultura o grupo plebeyo.

Así quedaban representados los cuatro cuerpos en que estaba dividido antiguamente el pueblo español. Heraclio Fournier, que había llegado a España para escaparse de la Revolución Francesa y procedía de una familia de fabricantes de naipes, fundó su fábrica de cartas en Vitoria-Gasteiz. Corría en el año 1868. En 1875 imprimió la baraja española y todavía continúa especializada en fabricar naipes españoles y extranjeros.

Main idea

_____

_____

_____

Details

_____

_____

_____

_____

_____

_____

_____

_____

_____

_____

_____

_____

_____

_____

_____

_____

_____

_____

LENGUAJE Y GRAMÁTICA

C. Pensar antes de competir. Elige cinco deportes de la lista siguiente y piensa en un mandato que les darías a unos jugadores jóvenes que quieren empezar a practicar este deporte. [10 puntos, 2 puntos cada oración]

artes marciales fútbol
baloncesto hockey sobre patines
esquí windsurf

■ **Ejemplo:** natación

No naden solos.

1. _____
2. _____
3. _____
4. _____
5. _____

D. Una vida más activa. Todos tus amigos te dicen que tienes que empezar a llevar una vida más activa y sana. Escribe algunas de sus sugerencias, añadiéndole un poco más de información a cada oración. [10 puntos, 2 puntos cada oración]

■ **Ejemplo:** tu compañera / sugerir / correr...

Tu compañera sugiere que corras una milla cada día.

1. nosotros / querer / practicar...

_____

_____

2. unos parientes / preferir / ir al gimnasio...

_____

_____

3. tu mejor amigo / recomendar / acostarse temprano...

_____

_____

4. el médico / prohibir / fumar...

_____

_____

5. todos / sugerir / hacer ejercicio...

_____

_____

E. ¿Divertidas o aburridas?   ¿Qué piensas de las actividades siguientes? Escribe oraciones completas, combinando los verbos y las frases de Columna A con los de Columna B. Cuidado, no todos necesitan el subjuntivo. [10 puntos, 2 puntos cada oración]

A	B
dudar	dibujar / unos artistas
es posible	escribir novelas / los escritores
es verdad	hacer crucigramas / nosotros
está claro	hacer gimnasia / la gente joven
no creer	pescar / la gente
no es verdad	pilotar un avión / el piloto

▧ **Ejemplo:** sacar fotos / fotógrafos

Para sacar fotos no es necesario que los fotográfos gasten mucho dinero en cámaras.

1. _____

_____

2. _____

_____

3. _____

_____

4. _____

_____

5. _____

_____

F. En un escalódromo.   ¿Qué pasa en un escalódromo? Termina las oraciones siguientes de una forma lógica. [10 puntos, 2 puntos cada oración]

1. Me gusta escalar allí porque...

_____

2. No conozco a nadie que...

_____

3. ¡Ojalá que todos nuestros amigos... !

_____

4. Voy a llevar mi arnés y cuerda en caso de que...

_____

5. Es bueno que los entrenadores...

_____

REDACCIÓN

G. Mis diversiones preferidas. Escríbele una carta a un amigo o a una amiga describiendo los diferentes tipos de diversiones y deportes que ofrece tu universidad, ciudad o estado. Menciona algunos deportes al aire libre, algunas actividades culturales y algunos de tus pasatiempos favoritos. [20 puntos]

_____
_____
_____
_____
_____
_____
_____
_____
_____
_____
_____
_____
_____
_____
_____
_____
_____
_____
_____
_____
_____
_____
_____
_____
_____

CAPÍTULO 4: *SCRIPT FOR* COMPRENSIÓN AUDITIVA

El buceo es para ti

Aprender a bucear. Actualmente el buceo es un deporte que practican miles de personas con diversas ocupaciones, ya sea que practiquen o no algún deporte y no importando su nivel de estudios. El buceo es una actividad deportiva y recreativa que te permite conocer las maravillas del mundo subacuático. Aunque hayas visto películas o documentales del tema, no te puedes imaginar lo que es bucear si no lo has hecho anteriormente. Además de conocer y valorar los ambientes acuáticos, experimentarás sensaciones únicas que sólo el buceo te puede brindar, como la emoción de respirar debajo del agua por primera vez, así como la sensación de flotar sin peso.

¿Para qué tomar un curso? Bueno, el buceo se considera un deporte de alto riesgo, pero sólo si no se practica con los reglamentos que el mismo deporte impone. Al tomar un curso de buceo con un instructor profesional aseguras que estás recibiendo la mejor capacitación y que harás del buceo un deporte muy seguro. Aparte, es más barato de lo que te imaginas, ya que existen muchas alternativas que se pueden ajustar a tus bolsillos e intereses.

¿Qué características se deben tener para practicar el buceo? La principal característica que debes tener para ser un buen buceador es tener las ganas y el interés de serlo. No necesitas ser un nadador de competencia ni tener una condición física envidiable. Los únicos requisitos para tomar un curso de buceo es que seas mayor de 12 años y no existe edad límite; que sepas nadar y que hagas un examen médico que te permita tener la seguridad que estás apto para el buceo. Eso es todo.

CAPÍTULO 4: *ANSWER KEY*

COMPRENSIÓN AUDITIVA

A. El buceo es para ti. *Answers will vary.*

Main idea: Anyone can learn to scuba dive

Details:

Learning to dive: Thousands of persons practice scuba diving; it attracts a variety of people with different interests; this sport will allow you to experience the wonderful things of the undersea world; you can also have sensations that are unique, such as breathing under water and floating weightless.

Importance of instruction: Diving is a high-risk sport only if you don't follow the rules; you will take the course with a qualified instructor who will teach you safety in diving; it is also cheaper than you think with a price that can be adjusted to meet the needs of everyone.

Diving requirements: The principal necessity is the desire to practice this sport; you do not have to be a professional swimmer nor be in perfect physical condition; the only requirements are age limit (at least 12), knowing how to swim, and passing a physical examination.

LECTURA

B. Naipes, 600 años de historia. *Answers will vary.*

LENGUAJE Y GRAMÁTICA

C. Pensar antes de competir. *Answers will vary.*

D. Una vida más activa. *Answers will vary, but should contain the following elements:*

1. Nosotros queremos que practiques...
2. Unos parientes prefieren que vayas al gimnasio...
3. Tu mejor amigo recomienda que te acuestes temprano...
4. El médico prohíbe que fumes...
5. Todos sugieren que hagas ejercicio...

E. ¿Divertidas o aburridas? *Answers will vary.*

F. En un escalódromo. *Answers will vary.*

REDACCIÓN

G. Mis diversiones preferidas. *Answers will vary.*

EL MEDIO AMBIENTE:

enfoque en nuestro planeta

COMPRENSIÓN AUDITIVA

A. Greenpeace lanza una compaña a favor de la energía solar. En este capítulo, has leído sobre la ecología y preservación de nuestro planeta. Ahora, tu instructor/instructora va a leer un reportaje sobre Greenpeace. Después de escucharlo dos veces, escribe **en inglés** la idea principal y todos los detalles (por lo menos cinco) que comprendiste. [20 puntos]

Main idea

_____

_____

_____

Details

_____

_____

_____

_____

_____

_____

_____

_____

_____

_____

_____

_____

_____

_____

_____

LECTURA

B. Un planeta en terapia intensiva. El texto siguiente trata del deterioro que está sufriendo el planeta. Lee el artículo y escribe **seis** o **siete** oraciones **en inglés** para resumirlo. [20 puntos]

Un planeta en terapia intensiva

Cada vez menos verde, menos azul, menos transparente, devastados sus bosques, contaminados el cielo y el agua por los desechos de la sociedad industrial, el planeta Tierra se aleja definitivamente de su imagen de paraíso terrenal. Y hoy quizás haya llegado demasiado tarde la hora ecológica.

Los datos que aporta la realidad son alarmantes: según Red Data Book que publica la Unión Internacional para la Conservación de la Naturaleza, se calcula que a fines de siglo se habrán extinguido entre medio millón y un millón de diferentes especies de animales y plantas.

El mundo entero está en peligro. El comercio internacional que manipula los residuos contaminantes prospera en las sociedades industrializadas utilizando los países del tercer mundo como basureros de residuos tóxicos a cambio de pagar unos cuantos millones de dólares.

Las perspectivas del futuro son inquietantes, como el agujero de ozono que pasó de ser una curiosidad científica a ser una amenaza real. Los científicos están acumulando pruebas de que el deterioro de la capa ozono no se debe a un fenómeno natural sino a la utilización de aerosoles. El deterioro del ozono aumenta directamente el efecto invernadero en la Tierra que viene a ser agravado por los humos industriales en forma de lluvia ácida, afectando la calidad de las aguas, la tierra, la fauna y la vegetación.

A pesar de todo hay algunos signos positivos, como el incremento de la conciencia cívica acerca de la importancia de la protección del medio ambiente y la conservación de los recursos naturales para el futuro.

Nombre _____ Fecha _____

LENGUAJE Y GRAMÁTICA

C. ¿Qué harías tú? Usa los elementos en las columnas A y B para formar oraciones completas sobre lo que se podría hacer para solucionar **cinco** de los problemas siguientes. Usa el condicional en tus oraciones. [10 puntos, 2 puntos cada oración]

■ **Ejemplo:** la universidad / desperdicio de papel

La universidad pondría contenedores para reciclar el papel.

A
el gobierno
las fábricas
nosotros
todo el mundo
yo

B
consumo excesivo de petróleo
contaminación del aire
erosión del suelo
extinción de especies protegidas
residuos tóxicos
uso de insecticidas y herbicidas

1. _____

_____

2. _____

_____

3. _____

_____

4. _____

_____

5. _____

_____

D. Unas situaciones interesantes. ¿Qué harías tú en esta situación? Usando el imperfecto de subjuntivo, completa las oraciones siguientes de una manera lógica. No repitas información. [10 puntos, 2 puntos cada oración]

1. Si _____

_____ los científicos no resolverían tantas cuestiones.

2. Si _____

_____ las fábricas no producirían gases tóxicos.

3. Si _____

_____ no utilizaríamos el auto para viajes cortos.

4. Si _____

_____ los animales exóticos no morirían a causa del tráfico ilegal.

5. Si _____

_____ no habría tanto ruido en las ciudades.

E. ¡A reciclar! Lee el artículo siguiente sobre el reciclaje y completa los espacios en blanco con la forma correcta de **ser, estar** o **haber**. [10 puntos, 1 punto cada verbo]

¡A reciclar!

¿No crees que llegó la hora de ponerle un alto al problema de la basura? ¡Pues

(1) _____ muy fácil! Lo único que hace falta... aprender a reciclar los desperdicios.

Nosotros **(2)** _____ seguros que una de las cosas que te gustaría cambiar **(3)** _____ el descuido en que actualmente se tiene a la ecología, sobre todo en lo referente al problema de la basura.

Muchos piensan que para este problema no **(4)** _____ solución porque piensan que **(5)** _____ imposible dejar de generar basura, cosa que

(6) _____ totalmente falsa.

A lo mejor, tú **(7)** _____ pensando que tiene una solución fácil. Para nuestra buena suerte, lo **(8)** _____. Siempre **(9)** _____

que saber dónde **(10)** _____ los centros de reciclaje y llevar latas de aluminio y periódicos allí.

F. ¿Qué recomiendas? Uno de los problemas de la contaminación es el ruido. Completa la oración siguiente de una manera lógica, usando las frases a continuación. No repitas información. [10 puntos, 2 puntos cada oración]

Para evitar los ruidos intensos...

1. ...tal vez sería _____.

2. ...sería mejor que _____.

3. ...quizás debería _____.

4. ...a lo mejor _____.

5. ...¿qué tal si _____.

REDACCIÓN

G. ¿Qué pueden hacer los estudiantes? Es importante que los estudiantes tengan un papel activo en la preservación de nuestro planeta. Usando palabras y frases adecuadas del Capítulo 5, escribe dos párrafos en los que expliques algunos problemas que hay y después, explica cómo los estudiantes de tu universidad pueden ayudar. [20 puntos]

_____

_____

_____

_____

_____

_____

_____

_____

_____

_____

_____

_____

_____

_____

_____

_____

_____

_____

_____

_____

_____

_____

_____

_____

_____

CAPÍTULO 5: *SCRIPT FOR* COMPRENSIÓN AUDITIVA

Greenpeace lanza una campaña a favor de la energía solar

La organización ecologista Greenpeace presentó ayer el proyecto «Greenpeace Solar» el objetivo de vencer las barreras que bloquean el desarrollo de esa energía, impulsar su uso en sustitución de las energías sucias como el carbón y reducir las emisiones de anhídrido carbónico (CO_2). La asociación defensora del medio ambiente pretende que las compañías eléctricas paguen por la electricidad que produzcan las placas solares.

El proyecto Greenpeace Solar nace en respuesta al problema de las emisiones del CO_2 que son causantes del cambio climático. Greenpeace indica que la energía solar puede reducir estas emisiones en un 15 a 20 por ciento. Los combustibles fósiles provocan el cambio climático mientras la energía solar representa la solución, declaró el director ejecutivo de Greenpeace-España. Vamos a movilizar a la sociedad a favor de la energía solar, y vamos a insistir que pongan multas a los que están contaminando el medio ambiente.

CAPÍTULO 5: *ANSWER KEY*

COMPRENSIÓN AUDITIVA

A. Greenpeace lanza una compaña a favor de la energía solar. *Answers will vary.*

LECTURA

B. Un planeta en terapia intensiva. *Answers will vary.*

LENGUAJE Y GRAMÁTICA

C. ¿Qué harías tú? *Answers will vary.*

D. Unas situaciones interesantes. *Answers will vary.*

E. ¡A reciclar!
    1. es **2.** estamos **3.** es **4.** hay **5.** es **6.** es **7.** estás **8.** es **9.** hay **10.** están

F. ¿Qué recomiendas? *Answers will vary.*

REDACCIÓN

G. ¿Qué pueden hacer los estudiantes? *Answers will vary.*

CAMBIOS EN EL FUTURO

COMPRENSIÓN AUDITIVA

A. Censura en *Internet*. *Internet* se ha convertido en uno de los medios de comunicación más importantes del mundo. Tu instructor/instructora va a leer un pasaje sobre la censura. Después de escucharlo dos veces, escribe **en español** una paráfrasis completa del pasaje. [20 puntos]

_____
_____
_____
_____
_____
_____
_____
_____
_____
_____
_____
_____
_____
_____
_____
_____
_____
_____
_____
_____
_____
_____
_____
_____
_____
_____
_____
_____
_____
_____

LECTURA

B. Así son los superlibros. El texto siguiente trata de los «libros» del futuro. Lee el artículo y contesta las preguntas brevemente **en español con tus propias palabras.** [20 puntos]

Así son los superlibros

Salvo honrosas excepciones, el libro tradicional obliga al lector a leer página por página desde el principio hasta el final sin saltarse ni una línea. Los nuevos hipertextos han acabado con esta dictadura.

El hipertexto es el último medio de comunicación de ideas a través del ordenador. Se trata de un cierto número de bloques escritos, unidos mediante nexos informativos, a través de los cuales el usuario puede moverse a sus anchas. En realidad algo parecido pasa con el libro tradicional (donde un asterisco puede avisarnos de la presencia de una nota al pie de la página, o un número remitirnos a la bibliografía final). Sin embargo, en el hipertexto estas posibilidades aumentan hasta el infinito.

El lector puede pasar de una página a otra, detenerse en una palabra y pedir más información sobre ella, abrir varios libros a la vez, o solicitar todos los textos existentes sobre un tema.

El hipertexto fue inventado en los años sesenta por Theodore Nelson, quien perseguía un sueño imposible llamado Proyecto Xanadú: una inmensa red, accesible en tiempo real, que contuviera todos los tesoros científicos y culturales del mundo.

De momento, los seguidores de esta tecnología deben conformarse con las primeras novelas hipertextuales de autores como Michael Joyce, Robert Coover o Bob Arellano.

---

1. ¿Cuál es el nombre real del superlibro? (2 puntos)

   _____

   _____

2. ¿Cómo son los superlibros? (2 puntos)

   _____

   _____

3. ¿Cuál es el aspecto que tienen en común los libros tradicionales y los superlibros? (2 puntos)

   _____

   _____

4. ¿Cuál es la diferencia principal entre un libro tradicional y un superlibro? (2 puntos)

   _____

   _____

5. ¿Cuáles son dos ventajas del superlibro? (4 puntos)

   _____

   _____

   _____

   _____

6. ¿Quién originó la idea del superlibro? ¿Cuándo originó esta idea? (4 puntos)

_____

_____

_____

_____

7. ¿Cuál fue el sueño de esa persona? (2 puntos)

_____

_____

8. ¿Cómo se llama uno de los primeros autores de novelas hipertextuales? (2 puntos)

_____

LENGUAJE Y GRAMÁTICA

C. Tu tecnología.   Escribe una lista de **cinco** aspectos tecnológicos que usas con frecuencia. Después, escribe una oración completa en la que describes cómo usas cada aspecto. [10 puntos, 2 puntos cada oración]

Aspectos	Usos

D. Para navegar *Internet*.   Completa las oraciones siguientes sobre la tecnología de una manera lógica usando infinitivos. No repitas información. [10 puntos, 2 puntos cada infinitivo]

1. Quiero _____ a navegar *Internet*.

2. Le vi a mi amigo _____ su correspondencia electrónica.

3. Antes de _____ una computadora, quiero comparar los precios.

4. Pedí una cuenta de correo electrónico para _____ más fácil la vida diaria.

5. _____ es la manera más rápida de conseguir información.

E. La tecnología y tú. ¿Cómo afecta tu vida la tecnología? ¿Cómo la usas en tu vida diaria? ¿Crees que la tecnología está mejorando o empeorando nuestra sociedad? Usando estas preguntas como punto de partida, escribe tus opiniones. Elige **cinco** de los usos siguientes de los pronombres reflexivos. Después, escribe un ejemplo adecuado (una oración completa) para cada uso. [10 puntos, 2 puntos cada oración]

Usos: reflexive, reciprocal, accidental or unplanned actions, point of departure, intransitive verb, impersonal construction, intensify verb

1. _____
   _____
   _____

2. _____
   _____
   _____

3. _____
   _____
   _____

4. _____
   _____
   _____

5. _____
   _____
   _____

F. Pronóstico para el futuro. Escribe cinco oraciones completas en español en las que predices lo que va a pasar en el futuro. No repitas información. [10 puntos, 2 puntos cada oración]

1. En un año...
   _____
   _____

2. En cinco años...
   _____
   _____

3. En el año 2020...
   _____
   _____

4. En cuarenta años...
   _____
   _____

5. Para el próximo milenio...

_____

_____

REDACCIÓN

G. La tecnología del pasado.   Siempre pensamos en la tecnología del presente o del futuro, pero ¿qué piensas de la tecnología del pasado? Escribe un párrafo en el que comparas un aspecto de la tecnología del pasado con uno del presente. [20 puntos]

_____

_____

_____

_____

_____

_____

_____

_____

_____

_____

_____

_____

_____

_____

_____

_____

_____

_____

_____

_____

_____

CAPÍTULO 6: *SCRIPT FOR* COMPRENSIÓN AUDITIVA

Misión imposible

En los últimos meses los medios de comunicación de todo el mundo han planteado la cuestión de si es o no es conveniente censurar determinados contenidos que circulan por la red, concretamente las de carácter pornográfico. El debate se radicalizó el pasado 8 de febrero después de que el presidente norteamericano firmara una ley que incluye sanciones para aquellos que difundan este tipo de contenidos. Pero lo que no se explica es cómo se hará efectiva esta censura. Vicenç Partal, especialista en redes informáticas y director de *Infopista*, asegura que no tiene ningún sentido hablar de censura en *Internet*: «¿Cómo lo van a hacer? ¿Interviniendo todas las líneas telefónicas? ¿Colocando *chips* inteligentes en los ordenadores? Es ridículo. Actualmente, nadie puede censurar lo que circula por la red; en todo caso, lo que sí se puede hacer es perseguir los delitos una vez que se hayan producido.»

CAPÍTULO 6: *ANSWER KEY*

COMPRENSIÓN AUDITIVA

A. Censura en *Internet*. *Answers will vary.*

LECTURA

B. Así son los superlibros. *Answers will vary slightly.*

1. el hipertexto
2. Consisten en unos bloques de texto, unidos por nexos informativos.
3. El usuario puede moverse de un texto a otro.
4. No es necesario leer página por página.
5. Es posible... *(Give two)*
   - pasar de una página a otra
   - detenerse en una palabra
   - pedir más información
   - abrir varios libros a la vez
   - solicitar todos los textos existentes sobre un tema
6. Theodore Nelson; en los años sesenta
7. poner todos los tesoros científicos y culturales en una inmensa red
8. *One of the following:* Michael Joyce; Robert Coover; Bob Arellano

LENGUAJE Y GRAMÁTICA

C. Tu tecnología. *Answers will vary.*

D. Para navegar *Internet*. *Answers will vary. (All should be infinitives.)*

E. La tecnología y tú. *Answers will vary.*

F. Pronóstico para el futuro. *Answers will vary.*

REDACCIÓN

G. La tecnología del pasado. *Answers will vary.*

LA COMUNIDAD LATINA

COMPRENSIÓN AUDITIVA

A. La Alcadesa de Santa Fe.   Tu instructor/instructora va a leer un pasaje sobre una latina excepcional. Después de escucharlo dos veces, escribe **en español** una paráfrasis completa del pasaje. [20 puntos]

_____

_____

_____

_____

_____

_____

_____

_____

_____

_____

_____

_____

_____

_____

_____

_____

_____

_____

_____

_____

_____

_____

_____

_____

_____

_____

_____

LECTURA

B. Los estereotipos cambian.

El texto siguiente trata de los estereotipos. Lee el artículo y contesta las preguntas siguientes brevemente **en español con tus propias palabras.** [20 puntos, 4 puntos cada respuesta]

Detrás de cada mujer exitosa...

El estereotipo del hombre latino es el del macho. Pero la realidad es otra, dicen muchas latinas exitosas. Desde figuras públicas como la congresista Lucille Roybal-Allard, hasta profesionales como la Dra. Gladys Velarde, las latinas están reconociendo que a menudo es un hombre quien las apoya para que alcancen el éxito.

«Soy quien soy gracias a Marcos», dice la anfitriona de TV Cristina Saralegui de su esposo Marcos Ávila. «Su papel no es de apoyo; es de liderazgo.» Cuando María Dolores Romero decidió continuar sus estudios en trabajo social, su esposo Manuel se «hizo cargo de todo. Aprendió a cocinar y a lavar la ropa. Ahora siente que mi profesión es su triunfo.»

La novelista Julia Álvarez dice que su esposo Bill Eichner, un oftalmólogo, le dio «mucho apoyo, de maneras no tradicionales».

Cuando Gladys Velarde le informó a su esposo Nery que quería estudiar medicina, él estuvo dispuesto a mantenerlos a ambos con su trabajo. «Pocos hombres harían algo así por sus esposas», comenta Nery.

«Pero si amas a alguien incondicionalmente, lo haces con gusto.»

Mientras Gladys sana enfermos, Nery trabaja siete días a la semana manejando un taxi de 4 p.m. a 2 a.m., y cuida a la hija de ambos durante el día. No ha sido fácil, pero están unidos porque se apoyan mutuamente.

A veces un hombre resulta más útil cuando se hace a un lado, como sucedió con el padre de la congresista Lucille Roybal-Allard. Edward R. Roybal fue congresista por 30 años. Cuando su hija se lanzó a la política, él permaneció al margen durante la campaña. Roybal-Allard salió victoriosa y dice, «Lo más importante que hizo mi padre fue que nunca me dijo, "Debes actuar así o así."»

De modo que ¿cómo encontrar a un hombre que cocine, críe a los niños y corrija el borrador de tu novela? «Tal vez tengamos que crearlos», dice la autora Julia Álvarez. «De nosotras depende enseñarle a la próxima generación de latinos que sean flexibles y tengan la voluntad de brindar apoyo a sus mujeres.»

---

1. ¿Cuál es un fuerte estereotipo sobre los hombres latinos?

_____

_____

2. ¿Qué cuenta Nery Velarde respecto al apoyo que él da a su esposa?

_____

_____

3. ¿Cómo apoyó Eduardo Roybal a su hija?

_____

_____

4. ¿Cómo se sienten acerca de sus responsabilidades los hombres mencionados en este texto?

_____

_____

5. ¿Cómo se encuentra un hombre que está dispuesto a apoyar a su esposa?

_____

_____

LENGUAJE Y GRAMÁTICA

C. La comunidad latina.   Estudia las palabras siguientes sobre la comunidad latina. Después, escribe en el espacio la letra que corresponde con cada palabra. [10 puntos, 1 punto cada respuesta]

_____ **1.** ola

_____ **2.** barrio

_____ **3.** refugiado

_____ **4.** aportar

_____ **5.** ciudadanía

_____ **6.** minoritario

_____ **7.** visa

_____ **8.** rasgo

_____ **9.** pionero

_____ **10.** parentesco

a. conjunto de familiares

b. documento oficial que permite el viaje o la residencia

c. característica o cualidad

d. número grande de inmigrantes que llegan a la misma vez

e. persona que busca protección política

f. contribuir

g. diferentes partes en que están divididos los pueblos

h. el primero en alcanzar algo grande

i. grupo político, nacional, religioso o racial que difiere de la mayoría

j. estatus, derechos y deberes

D. Alcances importantes.   Lee los hechos siguientes de individuos y organizaciones hispanos y escribe una oración completa relacionada con cada una, usando el presente perfecto de indicativo. [10 puntos, 2 puntos cada oración]

■ **Ejemplo:** Jimmy Smits, actor: «NYPD Blue»

   Jimmy Smits ha dejado el programa de «NYPD Blue».

- Laura Douglas, Nueva York: modelo latina Avon del año
- Cámara de Comercio Hispana de Estados Unidos: exposición internacional en Houston
- Sandra Cisneros, escritora latina: lectura de sus novelas en San Antonio
- Comité de Asuntos Hispanos del Condado Dade, FL: simposio «Contribuciones de hispanos a la sociedad estadounidense»
- Ingenieros Latinos: espectáculo de televisión

1. _____

_____

2. _____

_____

3. _____

_____

4. _____

_____

5. _____

_____

E. Reacciones. Usa **cinco** de las expresiones siguientes para iniciar oraciones completas sobre la comunidad latina en Estados Unidos, usando el presente perfecto de indicativo o de subjuntivo. [10 puntos, 2 puntos cada oración]

- Es impresionante que...
- Me alegro que...
- No hay duda que...
- Es dudoso que...
- Es bueno que...
- Es obvio que...
- No hay nadie que...
- No hay ningún/ninguna _____ que...

1. _____

    _____

2. _____

    _____

3. _____

    _____

4. _____

    _____

5. _____

    _____

F. Pronóstico para el futuro. Escribe tus predicciones sobre el futuro de la comunidad latina en Estados Unidos, usando el futuro perfecto, según las indicaciones. [10 puntos, 2 puntos cada oración]

1. Para las próximas elecciones nacionales...

    _____

    _____

2. Para el año 2020...

    _____

    _____

3. Para el año 2050...

    _____

    _____

4. Para el fin de este año...

    _____

    _____

5. Para el próximo milenio...

    _____

    _____

REDACCIÓN

H. Influencia de los hispanos. En Estados Unidos de hoy notamos mucha influencia de los hispanos. Escribe un párrafo de diez a quince oraciones en el que describas cómo nos afecta la hispanidad. [20 puntos]

_____

_____

_____

_____

_____

_____

_____

_____

_____

_____

_____

_____

_____

_____

_____

_____

_____

_____

_____

_____

_____

_____

_____

_____

_____

CAPÍTULO 7: *SCRIPT FOR* COMPRENSIÓN AUDITIVA

La Alcadesa de Santa Fe

Debbie Jaramillo es una mujer única. Un ama de casa con tres hijos, ella trabajaba como secretaria cuando tomó una decisión difícil. Aunque no confiaba en los políticos, su amor a la comunidad hispana de Santa Fe, Nuevo México, la impulsó a presentar su candidatura para alcaldesa. Santa Fe, la capital del estado, se conoce por su sector de gente rica y famosa que vive allí, además de su turismo caro.

Jaramillo es la primera mujer alcalde de Santa Fe. Después de asumir cargo, ella comenzó programas de viviendas económicas y desarrollo moderado. En esta pintoresca ciudad, los especuladores y promotores elevaron el precio promedio de una casa a unos $200.000. Así, Jaramillo empezó a luchar incansablemente para que las familias de menos ingresos —hispanos, indios y anglos— pudieran comprar una vivienda. Ya pueden imaginar las tensiones que generó entre las varias facciones de la ciudad. Sin embargo, Jaramillo, con sus esfuerzos en pro de los constituyentes más humildes, ha favorecido a más de 1000 familias mientras que ha llamado la atención de la prensa nacional.

Nombre _____ Fecha _____

CAPÍTULO 7: ANSWER KEY

COMPRENSIÓN AUDITIVA

A. La Alcadesa de Santa Fe. *Answers will vary.*

LECTURA

B. Los estereotipos cambian. *Answers will vary slightly.*

1. Son machos.
2. El amor incondicional requiere de que él la apoye a ella.
3. No le dijo lo que debía hacer. / Se quedó al lado.
4. Creen que el éxito de su esposa es también su éxito.
5. Es necesario crearlo.

LENGUAJE Y GRAMÁTICA

C. La comunidad latina.

1. d 2. g 3. e 4. f 5. j 6. i 7. b 8. c 9. h 10. a

D. Alcances importantes. *Answers will vary slightly.*

1. Laura Douglas de Nueva York ha recibido el título de «modelo latina Avon del año».
2. La Cámara de Comercio Hispana de Estados Unidos ha tenido una exposición internacional en Houston.
3. Sandra Cisneros, una escritora latina, ha leído de sus novelas en San Antonio.
4. El Comité de Asuntos Hispanos del Condado Dade de Florida ha tratado, en un simposio, el tema de las «contribuciones de hispanos a la sociedad estadounidense».
5. Los Ingenieros Latinos han producido un espectáculo de televisión.

E. Reacciones. *Answers will vary.*

F. Pronóstico para el futuro. *Answers will vary.*

REDACCIÓN

H. Influencia de los hispanos. *Answers will vary.*

AUNQUE NO LO CREAS:

casos increíbles

COMPRENSIÓN AUDITIVA

A. OVNIs en Totonicapán.   Hace más de cuatro décadas que los OVNIs captan nuestra atención. Tu instructor/instructora va a leer un pasaje sobre la observación de un OVNI. Después de escucharlo dos veces, escribe **en español** una paráfrasis completa del pasaje.
[20 puntos]

_____
_____
_____
_____
_____
_____
_____
_____
_____
_____
_____
_____
_____
_____
_____
_____
_____
_____
_____
_____
_____
_____
_____

LECTURA

B. ¿Es cierto que pueden llover ranas? El texto siguiente trata de un misterio de la naturaleza. Lee el artículo y contesta las preguntas brevemente **en español con tus propias palabras.** [20 puntos]

¿Es cierto que pueden llover ranas?

Los fuertes remolinos y las corrientes de aire que producen las nubes de lluvia pueden arrastrar consigo infinidad de objetos de los más diversos calibres. Éstos son atrapados por la nube, hasta que se precipitan a cierta distancia de donde fueron levantados, provocando el asombro de quienes presencian el espectáculo. Hay numerosos casos publicados en revistas científicas como el *Monthly Weather Review, Nature* o *Scientific American,* de lluvias de ranas, sapos, peces, caracoles, arañas, mejillones, escarabajos, hormigas sin ala, gusanos... Tampoco faltan las precipitaciones de tierras de colores, de lana e incluso de cruces, como ocurrió en Sicilia el año 746.

El 30 de julio de 1838, en pleno corazón londinense, los transeúntes se vieron sorprendidos por una avalancha de ranas y renacuajos. En el verano de 1804, en las cercanías de Toulouse, Francia, se produjo una lluvia de sapos jóvenes que, según testigos presenciales, caían de una densa nube. El 28 de diciembre de 1857, durante el transcurso de una tormenta, las aceras de la ciudad de Montreal, Canadá, se vieron literalmente cubiertas por centenares de mejillones. Conrad Lycosthenes, en su obra *Prodigiorum ac ostentorum chronicon,* narra una lluvia de sapos ocurrida en 1345. Asimismo, cita una extraña precipitación de peces en 989, en Sajonia, aunque la más célebre tormenta de peces, concretamente de gobios, ocurrió en el condado británico de Glamorganshire, el 11 de febrero de 1959.

---

1. ¿Cuáles son dos condiciones que causan las lluvias extrañas? (4 puntos)

   a. _____

   b. _____

2. ¿Por qué asombran esas lluvias? (2 puntos)

   _____

3. Además de ranas, ¿cuáles son dos de las otras lluvias de animales que se han reportado? (4 puntos)

   a. _____

   b. _____

4. ¿Cuál es una de las lluvias de cosas no animales que se ha reportado? (2 puntos)

   _____

5. ¿Cuándo fue el primer reportaje de una lluvia extraña? (2 puntos)

   _____

6. ¿Cuáles son dos de los países que han experimentado lluvias extrañas? (4 puntos)

   a. _____

   b. _____

7. ¿Dónde hubo la lluvia más famosa de peces? (2 puntos)

   _____

LENGUAJE Y GRAMÁTICA

C. Casos extraños. ¿Qué casos extraños de este capítulo te interesaban más? Usa **cinco** de los verbos siguientes para formar oraciones originales. [10 puntos; 2 puntos cada oración]

acudir   lograr
asegurar   reclamar
atropellar   sorprender
garantizar

1. _____
_____

2. _____
_____

3. _____
_____

4. _____
_____

5. _____
_____

D. El primer astronauta hispano. Lee la oración siguiente sobre Franklin R. Chang-Díaz. Entones, cambia el orden de las palabras **dos** veces de una manera adecuada. [4 puntos; 2 puntos cada oración]

De febrero 3 a 11 de 1994, el primer astronauta latino, Franklin R. Chang-Díaz, participó en un vuelo experimental del transbordador espacial *Discovery* con el cosmonauta ruso, Sergei K. Krikalev.

1. _____
_____

2. _____
_____

E. La televisión en la vida moderna. Piensa en los varios atributos de la televisión y completa las oraciones siguientes con un verbo en el pluscuamperfecto de indicativo. [6 puntos, 2 puntos cada oración]

1. Cuando inventaron la televisión...

_____

2. Cuando la primera televisión en colores apareció...

_____

3. Cuando desarrollaban las primeras antenas parabólicas...

_____

F. Sucesos extraños. Completa las oraciones siguientes sobre sucesos extraños de una manera lógica con un verbo en el pluscuamperfecto de subjuntivo. [10 puntos; 2 puntos cada oración]

1. No había nadie en la clase que _____

_____.

2. Nos sorpendió mucho que _____

_____.

3. Lo que tú dijiste me impresionó como si _____

_____.

4. ¿Qué _____

que te enojaste?

5. Me alegro mucho de que _____

_____.

G. Hipótesis. Completa las hipótesis siguientes sobre la educación de una manera adecuada. [10 puntos; 2 puntos cada oración]

1. Si yo me hubiera matriculado en otra universidad...

_____

_____

2. Si no hubiéramos estudiado la ciencia...

_____

_____

3. Si no se hubiera inventado...

_____

_____

4. Yo habría estudiado...

_____

_____

5. ¿Tú habrías conocido...

_____

_____

REDACCIÓN

H. Un invento impresionante. Escribe una composición de diez oraciones o más en la que comentas un invento que te impresiona mucho. [20 puntos]

_____

_____

_____

_____

_____

_____

_____

_____

_____

_____

_____

_____

_____

_____

_____

_____

_____

_____

_____

_____

_____

_____

_____

_____

_____

CAPÍTULO 8: *SCRIPT FOR* COMPRENSIÓN AUDITIVA

OVNIs son vistos por campesinos en Totonicapán

Varios campesinos han observado en los últimos días Objetos Voladores No Identificados, OVNIs, descender del espacio con una intensidad de luz muy fuerte y de varios colores, informó el agricultor Juan Menchú.

Dijo que, en horas de la madrugada, ven volar estos objetos a una velocidad extraordinaria, pero no conocen el lugar donde aterrizan, creyendo que son premoniciones del fin del siglo.

Juan Menchú recordó que, cuando tenía nueve años, sus padres le mostraban esos objetos voladores y desde entonces —aseveró— la humanidad ha sufrido desastres naturales y Guatemala no ha sido la excepción, pues ocurrieron terremotos con saldos lamentables.

Según Menchú, esos OVNIs vendrían a presagiar algunos problemas en la Tierra.

CAPÍTULO 8: *ANSWER KEY*

COMPRENSIÓN AUDITIVA

A. OVNIs en Totonicapán.   *Answers will vary.*

LECTURA

B. ¿Es cierto que pueden llover ranas?

1. *Either order:* **a.** los fuertes remolinos   **b.** corrientes de aire
2. porque los objetos llevados al cielo caen con la lluvia
3. *Two of the following:* sapos, peces, caracoles, arañas, mejillones, escarabajos, hormigas sin ala, gusanos
4. *One of the following:* tierras de colores, lana, cruces
5. en 989
6. *Two of the following:* Sicilia, Canadá, Gran Bretaña, Francia, Sajonia
7. Gran Bretaña

LENGUAJE Y GRAMÁTICA

C. Casos extraños.   *Answers will vary.*

D. El primer astronauta hispano.   *Answers will vary.*

E. La televisión en la vida moderna.   *Answers will vary.*

F. Sucesos extraños.   *Answers will vary.*

G. Hipótesis.   *Answers will vary.*

REDACCIÓN

H. Un invento impresionante.   *Answers will vary.*

FIESTAS Y TRADICIONES

COMPRENSIÓN AUDITIVA

A. Festejar el Año Nuevo.   Tu instructor/instructora va a leer un pasaje sobre una tradición de la Noche Vieja. Después de escucharlo dos veces, escribe **en español** una paráfrasis completa del pasaje. [20 puntos]

_____
_____
_____
_____
_____
_____
_____
_____
_____
_____
_____
_____
_____
_____
_____
_____
_____
_____
_____
_____
_____
_____
_____
_____
_____

Nombre _____   Fecha _____

LECTURA

B. Oaxaca le hace una gran fiesta a sus difuntos.
Ya estudiaste varias costumbres del Día de los Muertos. El artículo siguiente trata de las «reglas» asociadas con este día festivo. Lee el artículo y contesta las preguntas brevemente **en español con tus propias palabras.**
[20 puntos, 2 puntos cada respuesta]

Comida, regalos y bailes en los cementerios de México

Especial para el Nuevo Herald

Nadie se escapa al destino de todo ser: la muerte. Por eso, cuando nos alcanza la idea de la despedida definitiva, la tristeza nos invade, aunque bien en el fondo todos de una u otra manera nos imaginamos una nueva vida en el más allá que nos reconforta y nos consuela. Según la tradición cristiana, el día para recordar a Todos los Santos y Fieles Difuntos es el 1 de noviembre. En México ese día tiene un significado muy especial y se celebra de muchas maneras, según las ciudades.

La ciudad de Oaxaca toma un aire muy diferente al tradicional, cuando sus calles coloniales se llenan de color al paso de la gente llevando las ofrendas en procesiones a los cementerios.

En los altares se colocan viandas típicas que varían según la región, y que son «imprescindibles» para el pueblo, ya que ofrecen comida y regalos a los muertos. La variedad de alimentos y su cantidad, depende del tiempo que hace que desaparecieron. Se considera que el alma del difunto se libera de la tierra a partir de los 40 días de su muerte. Por lo tanto, no habrá celebraciones ni ofrendas para aquellos que no alcancen a cumplir la cuarentena, antes de este importante día de celebración.

Los primeros tres años, después de muertos, tienen diferentes calificativos. El primer año es llamado muerte reciente o *Sandu yá'ia;* el segundo año *Sandu iropa;* y el tercer año *Sandu gyóna.*

Al oscurecer, junto a las tumbas hay fiesta, bailes y bromas en su mayoría relacionadas con muertos y difuntos.

Según la creencia, el espíritu del muerto debe descender a la medianoche del día anterior para visitar a sus descendientes. La disposición de los altares varía según el origen de cada familia y, en la comunidad oaxaqueña, se caracteriza por ciertos detalles que a veces incluyen el colocar un petate y una cobija para que los muertos, una vez saciados con ricos manjares, reposen allí antes de emprender el regreso. Las viandas típicas pueden estar compuestas de mole negro, calabazas en conserva, manzanitas de tejocote, acompañadas por el chocolate y el pan de muerto.

Por otra parte existen los altares de aquellos que han sufrido pérdidas recientes en la familia y que se quedan en sus casas orando por los que ya no existen. Consiste en un pedestal que se alza en forma de pirámide, teniendo en su arista mayor la foto del muerto. Puede estar decorado con papel blanco y dorado, frutas de la estación, flores de caléndula y amaranto (las más comunes en estas celebraciones), y las ofrendas rodeadas por velas que arden hasta consumirse.

por Dianne Mejía

1. ¿Cuándo se recuerdan los muertos en México?

   _____

2. ¿Cómo se compara Oaxaca con otras ciudades mexicanas respecto al Día de los Muertos?

   _____
   _____

3. Según la tradición, ¿cuándo sale el alma de la tierra?

   _____
   _____

4. ¿Festejan a todos los difuntos? ¿Por qué?

   _____

5. En Oaxaca, ¿cuándo comienza la celebración?

_____

_____

6. ¿A qué hora desciende el espíritu del difunto?

_____

_____

7. ¿Cómo difieren los altares de Oaxaca de los de otras ciudades?

_____

_____

8. ¿Cuáles son dos de los platos que se les preparan a los difuntos?

_____

_____

9. ¿Qué hacen las familias de los recién fallecidos?

_____

_____

10. ¿Cómo son los altares de los recién fallecidos?

_____

_____

LENGUAJE Y GRAMÁTICA

C. Las fiestas y celebraciones. Forma oraciones completas con **cinco** de las siguientes palabras o frases relacionadas con fiestas y celebraciones. [10 puntos, 2 puntos cada oración]

acontecimiento	enlazar
carroza	familiar
despedida de soltera/soltero	paso
disfrazarse	villancico
encierro	

1. _____

_____

2. _____

_____

3. _____

_____

4. _____

_____

5. _____

_____

D. Costumbres de la Noche Vieja. Transforma las oraciones siguientes sobre la Noche Vieja de la voz activa a la voz pasiva. [10 puntos, 2 puntos cada oración]

1. Según la tradición, los españoles consumen doce uvas al escucharse las 12:00 de la noche.

_____

_____

_____

_____

2. El individuo pide en silencio los deseos respectivos uno a uno.

_____

_____

_____

3. Para el romance, el romántico usa ropa interior de color rojo chillante.

_____

_____

_____

4. Las personas que quieren dinero tiran un puñado de monedas hacia adentro de la casa.

_____

_____

_____

5. Los más desesperados escriben una carta dirigida al Consejo Kármico, doblan la misiva, y le prenden fuego.

_____

_____

_____

E. Al contrario. Contradice las oraciones siguientes sobre las celebraciones de Año Nuevo con oraciones negativas. [10 puntos, 2 puntos cada oración]

1. Piden festejar el Año Nuevo con armas de fuego.

_____

_____

2. Lo cierto es que ha dejado de practicarse esta costumbre en los pueblos más remotos.

_____

_____

3. Siempre falta el riesgo de lesionar a otra persona.

_____

_____

4. También es recomendable que justo a las 12:00 de la noche la gente salga de sus centros de reunión o casas.

_____

_____

5. En la noche de Año Viejo todo el mundo (todos) se queda (quedan) en casa.

_____

_____

F. Costumbres de otras culturas. Completa las oraciones siguientes sobre las costumbres culturales con un pronombre relativo adecuado. [10 puntos, 2 puntos cada oración]

1. Estudio los días festivos _____ se celebran en el mundo hispano.

2. _____ más me interesa es la cocina de los varios días festivos.

3. Pero me encanta _____ se asocia con las fiestas.

4. Me gusta hablar con personas _____ conocen los orígenes de los días festivos.

5. El año pasado conocí a una mujer _____ especialización son las fiestas indígenas.

REDACCIÓN

G. Una celebración especial.   Todos tenemos un recuerdo favorito de una celebración especial. Escribe un párrafo de ocho a diez oraciones en el que describes tu celebración especial. [20 puntos]

_____

_____

_____

_____

_____

_____

_____

_____

_____

_____

_____

_____

_____

_____

_____

_____

_____

_____

_____

_____

_____

_____

_____

_____

CAPÍTULO 9: *SCRIPT FOR* COMPRENSIÓN AUDITIVA

Festejar el Año Nuevo

Para los juarenses el precio de despedir con bombo y platillo y brindar por la llegada del Año Nuevo no tiene límite, no importa que sea en pesos o en dólares.

Un ejemplo de ello es que a menos de tres días de llegar este año a su fin, los centros nocturnos y discotecas reportan reservaciones casi a punto de quedar saturadas por personas deseosas de derrochar algarabía para empezar con «buenas vibras» el Año Nuevo.

Tanta es la demanda de reservaciones para festejar la noche del fin de año, que algunos restaurantes empezaron a cobrar 50 pesos nada más por la reservación. Y sólo en algunos lugares informaron que la cantidad será considerada en la cuenta final de los comensales.

Los precios de los festejos fuera de casa, con serpentinas, pitos y gorros, van desde 100 hasta 560 pesos por persona, y varían de acuerdo al lugar, tipo de reunión y celebración.

Los juarenses tienen para escoger. Las opciones varían desde la clásica cena de Año Nuevo, baile, *show* con artistas locales o de reconocimiento nacional hasta pasar una noche en la habitación de un hotel para una fiesta privada.

CAPÍTULO 9: *ANSWER KEY*

COMPRENSIÓN AUDITIVA

A. Festejar el Año Nuevo. *Answers will vary.*

LECTURA

B. Oaxaca le hace una gran fiesta a sus difuntos.

1. el 1ero de noviembre
2. toma un aire muy diferente al tradicional
3. cuarenta días después de su muerte
4. No. Sólo se festejan a los que han cumplido la cuarentena.
5. Al oscurecer hay fiestas, bailes y bromas.
6. a la medianoche del día anterior
7. Contienen un petate o una cobija.
8. *Answers will vary:* mole negro, calabazas en conserva, manzanitas de tejocote, chocolate, pan de muerto
9. Se quedan en casa y oran.
10. en forma de pirámide con la foto del difunto en su arista mayor; decoradas de papel blanco y dorado, frutas y flores

LENGUAJE Y GRAMÁTICA

C. Las fiestas y celebraciones. *Answers will vary.*

D. Costumbres de la Noche Vieja.

1. Según la tradición, al escucharse las 12:00 de la noche, doce uvas son consumidas por los españoles.
2. Los deseos respectivos son pedidos uno a uno por el individuo.
3. Para el romance, ropa interior de color rojo chillante es usada por el romántico.
4. Un puñado de monedas es tirado hacia adentro de la casa por las personas que quieren dinero.
5. Una carta dirigida al Consejo Kármico es escrita, doblada y prendida fuego por los más desesperados.

E. Al contrario.

1. Piden festejar el Año Nuevo sin armas de fuego.
2. Lo cierto es que no ha dejado de practicarse esta costumbre en los pueblos más remotos.
3. Nunca falta el riesgo de lesionar a otra persona.
4. Tampoco es recomendable que justo a las 12:00 de la noche la gente salga de sus centros de reunión o casas.
5. En la Noche Vieja nadie se queda en casa.

F. Costumbres de otras culturas.

1. que   2. Lo que   3. (todo) lo que   4. que   5. cuya

REDACCIÓN

G. Una celebración especial. *Answers will vary.*

LAS MUSAS:
las artes y la creatividad

COMPRENSIÓN AUDITIVA

A. Conciertos en sitios arqueológicos. Tu instructor/instructora va a leer un pasaje sobre el impacto del arte en la arqueología. Después de escucharlo dos veces, escribe **en español** una paráfrasis completa del pasaje. [20 puntos]

_____
_____
_____
_____
_____
_____
_____
_____
_____
_____
_____
_____
_____
_____
_____
_____
_____
_____
_____
_____
_____
_____
_____
_____

LECTURA

B. Sensorama. El artículo siguiente trata de una exposición de arte única. Lee el artículo y contesta las preguntas brevemente en español **con tus propias palabras.** [20 puntos]

Sensorama

Despréndete de la visión y divaga entre los tactos, sonidos, aromas y sabores de la obra de David Alfaro Siqueiros, con «Nostalgia espacial».

El museo Soumaya te invita a vivir una experiencia inolvidable, acercándote a la obra plástica de Siqueiros a través de la exploración sensorial. ¿Qué es esto? Algo muy fácil, divertido y a la vez emocionante. Se trata de que, con los ojos vendados, interactúes con el arte. Al alterar de modo «normal» la manera de percibir el mundo, usando como principal método el vendaje de los ojos, después de unos minutos, esta experiencia modifica tus percepciones, desatando alteraciones fisiológicas y psicológicas que estimulan la creatividad y la sensibilidad del espectador frente a la obra.

Sensorama busca desarrollar todos los sentidos, apoyándose en materiales y objetos que conduzcan a la experimentación y a la expansión de la sensopercepción, al igual que incrementa la capacidad imaginativa y creadora de las personas.

Museo Soumaya: Plaza Loreto, Revolución y Río Magdalena, col. Tizapán San Ángel, C.P. 01000, México, D.F.

Horarios:
Cada 7 minutos, entran grupos de 5 personas como máximo.
Viernes, sábados: 15 hrs–20 hrs.
Domingos: 15 hrs–19 hrs.
Costo: $10.00
Tels. 616 37 31 y 616 37 61. Fax. 550 66 20
Escuelas y grupos especiales, reservar al 616 37 31/37 61 ext. 110. Servicios Educativos.

---

1. ¿Quién es el artista cuyas obras son el enfoque de la exposición? (2 puntos)

   _____

2. ¿Cuál de los sentidos no se usa para «observar» la exposición? (2 puntos)

   _____

3. ¿Cómo se llama el museo? (2 puntos)

   _____

4. ¿Dónde está el museo? (2 puntos)

   _____

5. ¿Cómo se interactúa con el arte en esta exposición? (2 puntos)

   _____

6. ¿Qué experimenta el espectador? (2 puntos)

   _____

7. ¿Cuáles son los dos objetivos de la exposición? (4 puntos)

   _____

   _____

8. ¿Para quiénes se recomienda la exposición? (2 puntos)

_____

9. ¿Cuándo está abierta la exposición? (2 puntos)

_____

LENGUAJE Y GRAMÁTICA

C. Las Musas. Explica **cinco** de las palabras y frases siguientes sobre las artes con una oración completa en español. [10 puntos, 2 puntos cada oración]

antigüedad	ilusión
artes plásticas	medio masivo
color	meditar
diseño	vestuario

1. _____

_____

2. _____

_____

3. _____

_____

4. _____

_____

5. _____

_____

D. Registro. Completa el esquema siguiente con una frase del registro casual o formal, según las indicaciones. [10 puntos, 2 puntos cada elemento]

Casual	Formal
Hola. ¿Qué tal?	
	¿Podría hacerme un favor, don Augustín?
Abuelita/Abu	
Güeno, ai voy.	
	glacial

E. Jóvenes elegidos. Completa el pasaje siguiente sobre dos estudiantes de la ciudad Juárez con **para** y **por**. [10 puntos, 2 puntos cada respuesta]

Son los elegidos

Dos jóvenes juarenses han sido aceptados **(1)** _____ iniciar en enero sus estudios en el Centro de Educación Artística de Televisa (CEA): Elizabeth Álvarez —quien ha trabajado **(2)** _____ años teniendo fija su meta— y Pedro Gómez —inquieto y extrovertido en busca del medio idóneo de expresión.

Ellos formaron parte de los 20 chihuahuenses llamados el mes pasado **(3)** _____ hacer la prueba de admisión, presentándose luego en las instalaciones de Televisa **(4)** _____ el examen con duración de hasta tres horas ante 20 sinodales en las áreas de improvisación, actuación, pasarela y cámara.

La constancia de aceptación significa una beca **(5)** _____ los estudios de 12 horas diarias de lunes a sábado y la oportunidad de trabajo en el CEA mientras asisten a la escuela. No incluye hospedaje ni manutención.

F. ¿Cuánto tiempo hace? Completa las oraciones siguientes en español. [10 puntos, 2 puntos cada oración]

1. Hace _____ años que _____.

2. _____

   hace mucho tiempo.

3. Desde _____.

4. _____

   hacía _____ semanas.

5. _____

   desde hacía _____ meses.

REDACCIÓN

G. Una exposición inolvidable. Cada persona tiene sus propias preferencias respecto al arte. Escribe una composición de diez oraciones sobre una exposición de arte que te impresionó. [20 puntos]

_____

_____

_____

_____

_____

_____

_____

_____

_____

_____

_____

_____

_____

_____

_____

_____

_____

_____

_____

_____

_____

_____

_____

_____

CAPÍTULO 10: *SCRIPT FOR* COMPRENSIÓN AUDITIVA

Conciertos en sitios arqueólogicas

El Sindicato de Académicos del Instituto Nacional de Antropología (INAH) realizará una campaña vía *Internet* para solicitar a los tenores Plácido Domingo, Luciano Pavarotti y José Carreras que se abstengan de realizar un concierto en la zona arqueológica de Teotihuacán.

El historiador Felipe Echenique, integrante del Comité Ejecutivo de la Delegación Sindical, comentó en una entrevista que la realización de conciertos en las zonas arqueológicas representa un gran daño al patrimonio histórico y cultural del país.

En ese sentido, recordó el concierto que ofreció el tenor italiano Luciano Pavarotti en Chichén Itzá en abril, recital que «se realizó fuera de la ley porque no tenía nada que ver con la naturaleza del sitio».

Ante la posibilidad de que el concierto de «Los tres tenores» se realice en Teotihuacán, como lo anunció Plácido Domingo, los miembros del sindicato manifestaron que se realizarán diversas actividades para evitar que la zona se vea afectada como sucedió hace algunos años cuando el tenor español ofreció un concierto en el sitio arqueológico y se dañó parte de la estructura de una de las pirámides por el peso del escenario montado.

Una de las primeras actividades que harán los integrantes del Sindicato de Académicos del Instituto Nacional de Antropología será el enviar cartas a los tenores, vía *Internet,* para conminarlos a que respeten las zonas arqueológicas, «sitios que no tienen nada que ver con la ópera».

CAPÍTULO 10: *ANSWER KEY*

COMPRENSIÓN AUDITIVA

A. Conciertos en sitios arqueológicos. *Answers will vary.*

LECTURA

B. Sensorama.

1. David Alfaro Siqueiros
2. la visión/la vista
3. Museo Soumaya
4. en México, D.F.
5. con los tactos, sonidos, aromas y sabores
6. alteraciones fisiológicas y psicológicas
7. experimentación/expansión de la sensopercepción; incrementación de la capacidad imaginativa y creadora
8. para niños y adultos
9. viernes y sábados de 3:00 a 8:00 p.m. (15–20 horas); domingos de 3:00 a 7:00 p.m. (15–19 horas)

LENGUAJE Y GRAMÁTICA

C. Las Musas. *Answers will vary.*

D. Registro. *Answers will vary.*

E. Jóvenes elegidos.

1. para   2. por   3. para   4. para   5. para

F. ¿Cuánto tiempo hace? *Answers will vary.*

REDACCIÓN

G. Una exposición inolvidable. *Answers will vary.*

TAPESCRIPT

1 NUESTRA MÚSICA

Note: Scripts for *De paseo, 2/e* contain the graphic •↘, representing a tone on the cassette. When students hear the tone, they should stop the cassette briefly and take a moment to process the preceding information. This mechanism will facilitate comprehension by segmenting the information into manageable chunks.

PRIMER PASO: LA ORQUESTA

¡A ESCUCHAR!

A. El concierto. Ahora vas a escuchar una explicación de los instrumentos en una orquesta. Pon una **X** al lado de cada instrumento que se menciona y que está en la lista siguiente.

La música siempre ha tenido mucha influencia en la sociedad y podemos definir la música de la manera siguiente: •↘ la música es el arte de combinar los sonidos y los silencios con el tiempo. •↘

Podemos agrupar los instrumentos en familias, según una antigua catalogación. •↘ La familia de los instrumentos de cuerda comprende aquellos instrumentos como •↘ el arpa, la guitarra, el violín y el violoncelo. •↘

Entre los instrumentos de viento deben distinguirse los de madera y los de metal. •↘ Los de madera son las flautas, flautines, clarinetes y oboes. •↘ Estos instrumentos frecuentemente producen sonidos de índole idílica y campestre. •↘ Por otra parte, los instrumentos de metal como los trombones y las tubas •↘ están asociados con la caza, el heroísmo militar y también la majestuosa solemnidad de lo religioso. •↘

Los instrumentos de percusión producen su sonido al golpear sobre ellos. •↘ Esta categoría incluye los tambores, los timbales, los platillos y el xilófono. •↘ Estos instrumentos aportan la sensación de esplendor y de poder a una obra musical. •↘

Finalmente, el piano y el órgano son dos de los instrumentos que más se han relacionado con el concepto de instrumentos autónomos. •↘

SEGUNDO PASO: APASIONADO POR EL TANGO

¡A ESCUCHAR!

A. La historia del tango. Escucha primero la breve historia del tango. Coloca los datos siguientes en orden, según la narración.

Muchos países y regiones tienen sus bailes tradicionales propios. •↘ Los austríacos tienen el vals, los irlandeses tienen la giga y los estadounidenses tienen la danza de figuras. •↘ En Argentina, el baile y la música más reconocidos son el tango. •↘ Es la música que evolucionó de muchos diferentes países. •↘ La abuela del tango, la habanera, fue importada a Argentina desde Cuba. •↘ El predecesor del tango, un baile llamado milonga, •↘ era un matrimonio entre la habanera y un paso llamado el candombe. •↘ Era bailado por los esclavos africanos en Argentina. •↘ El tango no ha encontrado, como tal, •↘ una plaza fuerte en ningún lugar fuera de Sudamérica desde que alcanzó popularidad a mediados de los años 40. •↘ Al principio, fue un baile de la gente de la clase baja y los gauchos. •↘ Han pasado cinco décadas desde que el tango se ha venido bailando en los clubes populares nocturnos. •⌃ El bandoneón, un instrumento que tiene un sonido parecido a un acordeón y una concertina, •⌃ es el instrumento principal del tango. •⌃ También se pueden incluir otros instrumentos como el violín y la guitarra. •⌃ La música del tango tiene como tema principal el amor. •⌃ Refleja el amor perdido o rechazado por una mujer o un amor entre hijo y madre. •⌃ También, el tango puede cantar sobre el amor patriótico, •⌃ recordando el país o la ciudad que uno abandonó. •⌃ El cantante más famoso del tango es Carlos Gardel. •⌃ Sus aficionados dicen que aunque murió hace cincuenta años, «Canta mejor cada día». •⌃ Esto quiere decir que su fama y su música siguen siendo tan actuales como cuando trabajaba en el escenario del cine, del teatro o de un club nocturno. •⌃

B. El rebelde del tango. Astor Piazzolla es otro de los músicos de fama mundial que está relacionado con el tango. En una entrevista meses antes de su muerte en 1992, Piazzolla dijo que el tango de los años cuarenta ya no existe, y que su nueva forma no es nada parecida al tango de Gardel, triste y moribundo, sino que su música está viva, llena de alegría e incorpora los sonidos modernos de hoy. Escucha unos de sus comentarios. Después, escribe seis palabras que Piazzolla usa para hablar de la música de hoy y del tango.

El tango ya no existe. •⌃ Existió hace muchos años, •⌃ hasta el '55 cuando Buenos Aires era una ciudad en que se vestía de tango, •⌃ se caminaba del tango, •⌃ se respiraba un perfume de tango en el aire. •⌃ Pero hoy no. •⌃ Hoy se respira más perfume de rock o de punk... •⌃ El tango de ahora es sólo una imitación nostálgica y aburrida de aquella época. •⌃ Hacía ya tiempo que se venía anunciando el fin de la música porteña, •⌃ al menos de ésa que cantaba Gardel con sus canciones como «El día que me quieras» •⌃ con el tema del amor imposible. •⌃ En cambio, mi tango es de hoy, •⌃ chispeante, alegre, •⌃ que se despertó de una larga siesta. •⌃

TERCER PASO: LOS MARIACHIS Y LAS RANCHERAS
¡A ESCUCHAR!

A. Guadalajara. Algunos temas típicos de las rancheras son la patria, la ciudad o el pueblo natal. Escucha el primer verso de la canción «Guadalajara» y escribe unas de las palabras o frases descriptivas que usa el cantante para su ciudad. Si quieres escuchar unos minutos de la canción «Guadalajara», usa las direcciones siguientes en *Internet* o busca bajo el nombre «Guadalajara» o «Jorge Negrete».

Guadalajara, Guadalajara
Guadalajara, Guadalajara •⌃

Tienes el alma de provinciana
Hueles a limpia rosa temprana •⌃
Ave de jara fresca del río
Son tus palomas un caserío •⌃
Guadalajara, Guadalajara
Hueles a pura tierra mojada. •⌃

B. La música del amor, la patria y la fiesta. Escucha la narración siguiente sobre una forma de música típica de México... la música mariachi.

Los grupos de mariachis empezaron en el siglo XVIII. ♪ Normalmente el grupo está compuesto de seis a veinte músicos ♪ que tocan una variedad de instrumentos de cuerda y de metal. ♪ La guitarra, la trompeta y el violín son los instrumentos principales. ♪ También hay unas guitarras más pequeñas que se llaman vihuelas ♪ y unas guitarras grandes de seis cuerdas llamadas guitarrones. ♪ Durante las fiestas nacionales, como, por ejemplo, la celebración de la Independencia, ♪ la Revolución Mexicana ♪ y el Cinco de Mayo, ♪ grupos de mariachis ♪ acompañados por parejas que bailan danzas folklóricas ♪ se presentan en las plazas de las ciudades y los pueblos. ♪ Otros eventos en que los mariachis participan son los bautizos, ♪ bodas, aniversarios, cumpleaños, quinceañeras y hasta funerales. ♪ El 12 de diciembre es el día de la santa patrona de México, ♪ la Virgen de Guadalupe. ♪ Ésta es una ocasión muy especial en la que los grupos de mariachis se reúnen en la Basílica de la Virgen ♪ y empiezan a cantar «Las Mañanitas» a las 12:00 de la noche. ♪ La música del mariachi se conoce como ranchera o música vernacular. ♪ Este tipo de música empezó a ganar popularidad en los años 40 y 50, ♪ con la llamada Época de Oro del Cine Mexicano. ♪ Jorge Negrete, Pedro Infante y Vicente Fernández son algunos de los cantantes más reconocidos. ♪ Dos de las cantantes femeninas de este tipo de música más celebradas son Lola Beltrán y María Dolores Pradera ♪ Las canciones mexicanas tienen una verdadera importancia en el mundo hispano. ♪ Por ello, hasta cantantes extranjeros como Plácido Domingo y Julio Iglesias también tienen discos compactos acompañados por grupos mariachis. ♪

C. Ay, Jalisco, no te rajes. La canción «Ay, Jalisco, no te rajes» también es el nombre de una película mexicana de tipo vaquero de los años 40. Escucha la canción y completa los espacios en blanco. Si quieres escuchar unos minutos de la canción «Ay, Jalisco, no te rajes», usa las direcciones siguientes en *Internet* o busca bajo el nombre «Ay, Jalisco, no te rajes» o «Jorge Negrete».

Ay Jalisco, Jalisco, Jalisco
Tú tienes **tu novia** que es Guadalajara ♪
Muchacha **bonita,** la perla más rara
De todo Jalisco en mi Guadalajara. ♪
Y me gusta **escuchar** los mariachis
Cantar con el alma, sus lindas canciones ♪
Oír cómo suenan, esos guitarrones
Y echarme un tequila con los valentones. ♪

2 YUCATÁN:
un lugar inolvidable

PRIMER PASO: UN VIAJE A CANCÚN

¡A ESCUCHAR!

A. ¿Sí o no?   Ahora, vas a escuchar una conversación entre dos amigas mientras que planean sus vacaciones.

ÁNGELA: *(Teléfono suena.)* Jacinta, buenos días, espero que no te haya despertado. •↰

JACINTA: A las ocho de la mañana, un domingo, después que pasé toda la noche estudiando para el examen de gramática. ¡Qué va! •↰

ÁNGELA: Te llamo para decirte que por fin encontré la oferta que estábamos buscando para las vacaciones de la primavera. •↰

JACINTA: ¿Por eso me llamas a las ocho de la mañana? •↰

ÁNGELA: Escucha. Acabo de leer las ofertas en la sección de viajes en el periódico de hoy y están anunciando viajes a Cancún. •↰

JACINTA: ¡Cancún! Mira, si queremos pasar una semana en la playa, podemos ir a Florida que nos costaría menos y mi tía Carmen tiene un apartamento en Miami. •↰ Ella me llamó por teléfono la semana pasada y me preguntó sobre nuestros planes para las vacaciones. •↰

ÁNGELA: Tu tía es genial, pero no es para ir solamente a la playa. •↰ Cancún tiene un montón de sitios arqueológicos, parques nacionales, islas pequeñas y arrecifes. •↰ Enrique y Ricardo, unos amigos míos, fueron hace cuatro meses y se divirtieron mucho. •↰ Me enseñaron sus fotos y parece un lugar ideal. •↰

JACINTA: Está bien, pero ¿por qué me estás diciendo todo esto a las ocho de la mañana? •↰

ÁNGELA: Porque el anuncio dice que hay que hacer las reservas antes del 18 de este mes. •↰ Así se consigue un precio especial en el hotel, en el cual todo está incluido, y ya estamos a 17. •↰

JACINTA: ¿Tú estás segura? •↰ Yo creo que me dijeron que Cancún era como cualquier otra playa turística —tú sabes, hoteles, bares... •↰

ÁNGELA: ¿Qué crees —que voy a basar mis decisiones sobre un anuncio del periódico? •↰ También busqué información en *Internet*... y conseguí toda la información que necesitamos. •↰ Por ejemplo, el hotel ofrece excursiones de un día a las ruinas mayas de Chichén Itzá, Tulum y Coba... •↰ o podemos ir a Xel-Há, que ofrece un bellísimo paisaje de pequeñas bahías y un gran acuario natural. •↰

JACINTA: Está bien. Así podemos pasar unas horas en la playa por la mañana y visitar las ruinas por la tarde. •↰

ÁNGELA: Esto es lo que estaba pensando yo. •⌃ Y ya que siempre querías aprender a bucear, •⌃ Isla Mujeres, que ha sido declarada Parque Nacional Submarino para proteger los arrecifes de coral, •⌃ solamente se encuentra a cuatro horas en barco y éste ofrece música, comida y clases de buceo. •⌃ ¿Qué te parece? •⌃

JACINTA: Bien, sólo que te olvidaste de decirme el precio. •⌃

ÁNGELA: Por un hotel de cuatro estrellas, en la playa, sólo son $600, con pasaje en avión incluido. •⌃

JACINTA: ¿En serio? ¿Con comidas también? •⌃

ÁNGELA: Sólo desayuno y cena —pero como vamos a estar fuera hasta la tarde, siempre podemos comer por ahí. •⌃ Si quieres verlo en *Internet,* la dirección es **http://www.mexturismo. com.mx/cancun.htm.** •⌃ Está en la playa. •⌃

JACINTA: Creo que me has convencido. ¿Cuándo terminan las clases? •⌃

ÁNGELA: El 15 de marzo. ¿Salimos el 16? •⌃

JACINTA: ¡El 16 es perfecto! Hagamos las reservas mañana por la mañana. •⌃

ÁNGELA: Sí, y perdona por haberte despertado. •⌃

JACINTA: No te preocupes. Por unas vacaciones así, valía la pena. •⌃

SEGUNDO PASO: EL EQUINOCCIO

¡A ESCUCHAR!

A. El Castillo.   El Castillo, una pirámide construida entre los años 200–900 d.C., es la construcción más alta de Chichén Itzá. Mientras escuchas el cassette, escribe las diferentes partes de la pirámide que se describen, usando las palabras de la lista siguiente.

El 21 de marzo y el 22 de septiembre son los días de los equinoccios del año •⌃ cuando el sol divide la tierra en sus dos hemisferios y apunta directamente al ecuador. •⌃ Este fenómeno fue calculado por los astrónomos mayas hace más de mil años. •⌃ Hoy día más de 45.000 personas viajan a Chichén Itzá para ver cada equinoccio y la aparición del dios Kukulcán, la serpiente emplumada. •⌃

Todo el mundo se junta en el Castillo, pirámide que mide 24 metros de altura por 54 de base. •⌃ La pirámide posee cuatro escalinatas con 90 escalones por fachada, •⌃ de manera que en total, sus escalones suman 360, más los cinco de la plataforma superior. •⌃ Esta cifra hace un total de 365 escalones, uno por cada día del año. •⌃

Todas estas personas que se reúnen en la fachada del norte del Castillo esperan la aparición del dios Kukulcán. •⌃ El sol del atardecer va acentuando las sombras en la escalinata del norte. •⌃ Poco a poco se va formando el cuerpo de Kukulcán. •⌃ El juego de luz y sombra en el templo crea una ilusión óptica. •⌃ La serpiente se mueve. •⌃ Todo está envuelto en la oscuridad, con la excepción de la escalera del norte del enorme templo •⌃ por donde llega la serpiente que comienza a descender por su escalinata. •⌃ Mientras el sol proyecta su misteriosa sombra, los escalones se iluminan poco a poco, dándole vida a Kukulcán, el gran dios. •⌃ Se desliza por los escalones, extiende su enorme cuerpo y luego desaparece. •⌃ Así, la noche cae silenciosa sobre la multitud. •⌃

TERCER PASO: JUEGO DE PELOTA

¡A ESCUCHAR!

A. ¿Cómo era el juego?   Ahora vas a escuchar una descripción de un juego prehispánico... el juego de la pelota.

En las culturas prehispánicas el juego de pelota se celebraba por dos motivos principales: •ᐱ como significación religiosa y como un simple deporte de diversión. •ᐱ Los campos de juego siempre se construían dentro de los centros ceremoniales cerca de los templos más importantes, y frecuentemente incluían santuarios y altares de sacrificio. •ᐱ La cancha de juego tenía la forma de doble T, con muros a los dos lados. •ᐱ Era más o menos del tamaño de un campo de béisbol, aunque la más grande, •ᐱ la de Chichén Itzá, ocupaba la misma superficie que un campo de fútbol americano. •ᐱ En medio de la cancha de Chichén Itzá estaba el *tlachtemalácatl,* o el anillo por donde había que pasar la pelota y el cual servía también para dividir el campo. •ᐱ Debido a los murales y estatuas que se han encontrado en algunos de los templos, •ᐱ los investigadores creen que la pelota era de un tipo de goma dura, •ᐱ extraída de la savia de varias especies vegetales y con un diámetro de unos 10 a 12 centímetros. •ᐱ

Los espectadores se sentaban en lo alto de las murallas, y los jugadores, divididos en dos equipos, se colocaban frente a frente. •ᐱ Se trataba mantener la pelota en movimiento constante, sin pasar ciertas marcas, •ᐱ pegándole exclusivamente con los codos, las rodillas, la cadera, la cabeza, los hombros, los brazos o la espalda. •ᐱ Si un jugador adversario tocaba la pelota con otra parte de su cuerpo, o la tiraba hasta la pared opuesta o por encima de la muralla, ganaba un punto el otro equipo; •ᐱ pero la única manera de conseguir un triunfo definitivo, en cualquier momento, consistía en hacer pasar la pelota por el anillo. •ᐱ

Si el partido tenía una significación religiosa, se sabe que la noche anterior del juego, •ᐱ quienes iban a participar hacían penitencia; •ᐱ al día siguiente los dos equipos jugaban para conocer el designio de los dioses. •ᐱ En este rito los dos equipos eran representantes de los dioses celestiales y normalmente se terminaba con la decapitación de uno de los jugadores. •ᐱ En uno de los murales de Chichén Itzá aparecen dos grupos de jugadores rivales enfrentándose y separados por un disco coronado con la cabeza de la muerte; •ᐱ el primer jugador de uno de los equipos tiene una rodilla en tierra y acaba de ser decapitado. •ᐱ El ganador lleva en una mano un cuchillo y en la otra la cabeza del sacrificado. •ᐱ Algunos relatos indican que el perdedor es el que perdió la cabeza; •ᐱ sin embargo, hay otras versiones que dicen que el ganador, por ser el más fuerte y valiente, es el que se ofreció a los dioses. •ᐱ

Sin embargo, no siempre terminaba con la muerte de algún jugador. •ᐱ Este deporte era tan popular que se practicaba también para terminar disputas y problemas de límites de tierra, para adivinar la suerte o para ganar apuestas. •ᐱ En estos casos, quien no lograba hacer pasar la pelota por el anillo no perdía su cabeza sino que cedía sus joyas o sus tierras, o incluso su ropa, al triunfador. •ᐱ

3 LA IMPORTANCIA DE SER BILINGÜE

PRIMER PASO: ESTUDIOS EN EL EXTRANJERO

¡A ESCUCHAR!

A. ¿Cuándo pasó?   Escucha la siguiente conversación telefónica entre Lisa y Ana, su compañera de cuarto. Después, Ana habla con su hermano Jorge.

Primera llamada

ANA: ¿Ya llegaste? No esperaba tu llamada hasta esta noche. ¿Mi hermano llegó a tiempo para recogerte en el aeropuerto? •↰

LISA: Sí, cuando yo salí de la aduana me estaba esperando. Fuimos directamente a tu casa y aquí estoy. Agotada pero bien. •↰

ANA: Date cuenta que allí son las dos de la tarde y aquí son las ocho de la mañana. •↰ ¿Vas a echarte una siesta? •↰

LISA: No, ahora estoy demasiado nerviosa y con ganas de ver todo lo que hay por aquí. •↰

ANA: Pues, dile a Jorge que te lleve al Parque del Retiro. •↰ Allí puedes disfrutar del lago y los alrededores mientras que descansas. Pronto empiezan las clases y tienes que estar preparada. •↰

LISA: Ya sé. Pero el horario que me enviaron indica que mañana sólo tengo una clase de orientación hasta el mediodía, así que puedo descansar un poco más antes de que tenga que empezar en serio. •↰ Oye, antes de que se me olvide, •↰ acuérdate que tienes que llevar a la gata al veterinario el jueves para que le limpien sus dientes. •↰

ANA: No te preocupes. Ya hablé con Tomás y vamos a llevar a Ofelia por la mañana y recogerla por la tarde. •↰

LISA: OK. Está bien. ¿Quieres hablar con Jorge? •↰

ANA: No, le voy a enviar un correo electrónico hoy pidiéndole unos libros para mi curso de literatura. •↰ Te llamaré la semana que viene porque a mí me resulta más barato llamarte desde aquí que tú llamarme a mí. •↰

LISA: Vale. Hasta el jueves entonces. •↰

ANA: Hasta entonces. Adiós. •↰

Segunda llamada

JORGE: Diga.

ANA: Jorge, ¿cómo te va? ¿Recibiste mi mensaje en el correo electrónico? •↰

JORGE: Sí, pero no tengo esos libros todavía. •↰ Fui a la librería Milo para encargarlos el mismo día que recibí tu mensaje y van a tardar unas semanas. •↰

ANA: Ya lo sé. Espero que mi profesor de literatura aquí se dé cuenta que no es mi culpa. •ᕽ

JORGE: No te preocupes, me aseguraron que llegarían en dos semanas. •ᕽ

ANA: Ojalá así sea, porque el curso empieza el 24 de septiembre y ya estamos al dos. •ᕽ Y a Lisa, ¿cómo le va? •ᕽ

JORGE: Bien. Está tomando un curso de traducción y otro de conversación. •ᕽ

ANA: Creo que ha sido una elección acertada coger sólo dos cursos. Así tendrá tiempo para pasar unas horas todos los días en la clínica con Papá. •ᕽ Esto le ayudará mucho y le dará una idea de lo que es trabajar en una clínica privada. •ᕽ

JORGE: Sí, Papá ya le dio todos los folletos que él reparte a los padres sobre el cuidado de sus niños —y tú sabes lo exagerado que puede ser. •ᕽ Durante la hora de la comida parece que le está dando un examen sobre el estado de cada uno de ellos. •ᕽ Todos nosotros en la familia ya sabemos lo que hay que saber sobre alergias, bacterias en el agua, catarros, dolores de estómago y... •ᕽ

ANA: Pero ¿le está haciendo repasar el abecedario de enfermedades todos los días? Pobre Lisa. •ᕽ

JORGE: Eso es, sólo faltan 21 letras más. •ᕽ A Lisa le encanta —creo que está aprendiendo más con Papá que en sus cursos de la universidad. •ᕽ

ANA: Ya que conozco a nuestro padre, estoy segura que sí. •ᕽ Pues, dile a Lisa que también tiene que tomar unas horas para divertirse. •ᕽ

JORGE: No te preocupes. Pepe, Juan, Pili, su hermana y yo vamos al cine esta noche. •ᕽ

ANA: Y yo voy a continuar con mi investigación. •ᕽ

JORGE: Nos hablaremos la semana próxima. •ᕽ

ANA: Besitos a todos. •ᕽ

JORGE: Adiós. •ᕽ

SEGUNDO PASO: EL CUERPO DE PAZ

¡A ESCUCHAR!

A. Orientación para el Cuerpo de Paz. Escucha la siguiente orientación para el Cuerpo de Paz.

V = Voluntario   M = Mario   F = Francisca

V: Bienvenidos a todos. Primero, me gustaría agradecerles la oportunidad de darle esta sesión informativa a su organización. •ᕽ El Cuerpo de Paz fue fundado por el presidente John F. Kennedy en el año 1961. Es una agencia del gobierno que asigna a ciudadanos estadounidenses a países que le han pedido ayuda a nuestra organización. •ᕽ Ahora mismo hay aproximadamente 6.000 voluntarios en 94 países del mundo y estamos calculando que este número va a incrementarse a 7.500 el año próximo. •ᕽ

El Cuerpo de Paz tiene tres metas: •ᕽ La primera es promover la paz y la amistad, haciendo posible que los estadounidenses que deseen servir en el extranjero viajen a todos los países interesados, para ayudar a estos países y darle el entrenamiento necesario a su gente. •ᕽ La segunda es ayudar a promover un mejor entendimiento entre los estadounidenses y la gente que sirven. •ᕽ La tercera es ayudar a promover un mejor entendimiento de otra cultura. •ᕽ

M: Sé que hay mucha importancia puesta en la agricultura y en la educación, •ᕽ pero ¿qué otras áreas de experiencia se necesitan en su organización? •ᕽ

V: Mucho depende del país, pero también los voluntarios trabajan en numerosas áreas como el desarrollo de las comunidades, los negocios, la salud y la nutrición y los recursos naturales. •⌃

F: ¿Cuánto tiempo dura el contrato? •⌃s

V: El contrato para cada voluntario incluye un período de tres meses de orientación más la estadía en el país de destino, por un tiempo total de más o menos veintisiete meses. •⌃

F: ¿Hay que aportar algo de dinero propio? •⌃

V: La organización paga todos los gastos de vivienda y comida, viaje de ida y vuelta al lugar designado y gastos médicos durante la estadía en el país. •⌃

M: ¿Cuáles son algunos de los requisitos para poder ser voluntario? •⌃

V: Primero, hay que ser ciudadano de los Estados Unidos y tener por lo menos dieciocho años, •⌃ porque muchos de los puestos requieren de tres a cinco años de experiencia en su campo de trabajo. •⌃ La mayoría de nuestros candidatos tienen por lo menos veinte y tantos años y un título universitario. •⌃

M: ¿Hay una edad límite para ser voluntario? •⌃

V: No, no hay una edad límite. •⌃ Algunos de nuestros voluntarios incluso son gente jubilada. •⌃

F: Estoy casada. ¿Todavía puedo participar? •⌃

V: Tenemos algunos matrimonios, pero en este caso, ambas personas tienen que solicitar y ser admitidas •⌃ —y siempre es más difícil asignar a dos personas al mismo lugar, depende del país y de sus áreas de conocimientos. •⌃ Desgraciadamente, para nosotros es imposible colocar parejas con niños. •⌃

F: Siempre he querido trabajar en África, ¿puedo solicitar un país? •⌃

V: No necesariamente. Nuestra organización siempre intenta colocar a las personas en el país que prefieren. •⌃ Sin embargo, como cada nación pide voluntarios con experiencia específica, •⌃ si su área de conocimiento no se necesita en ese país, entonces, el Cuerpo de Paz tiene que asignarle otro lugar. •⌃

M: Y para hacer la solicitud, ¿cuánto tiempo tarda todo el proceso? •⌃

V: Todo el proceso puede tardar hasta un año. •⌃ Se recomienda que una persona empiece su solicitud por lo menos de seis a ocho meses antes de la fecha que esté disponible para aceptar una posición en el Cuerpo de Paz. •⌃

M: Y la vivienda, ¿qué tal? ¿Dormiría en una tienda de campaña? •⌃

V: En una tienda de campaña, no. •⌃ Pero hay que entender que nosotros lo mismo trabajamos en sitios urbanos, como en pueblos rurales. •⌃ Algunos de nuestros voluntarios viven en apartamentos o casas en las ciudades, •⌃ pero los que están situados en el campo viven en condiciones más rústicas, incluso algunos sin agua corriente o luz eléctrica. •⌃ Para obtener más información o pedir una solicitud pueden llamar nuestro número, 1-800-424-8580, o ponerse en contacto a través de *Internet*. •⌃

TERCER PASO: EL CHOQUE CULTURAL

¡A ESCUCHAR!

A. Concepción   En este *paso,* vas a escuchar a una persona de relaciones públicas que explica lo que es el choque cultural.

El tema de la presentación de esta mañana es el choque cultural. •⌃ Aunque muchos de ustedes hayan viajado ya al extranjero, será la primera vez que van a pasar un año trabajando continuamente en otro país. •⌃ Al llegar al aeropuerto, habrá transporte para todos ustedes para llevarlos a sus alojamientos •⌃ y, al día siguiente, vendrán unos representantes de la fábrica para enseñarles la ciudad y la Compañía Siderúrgica Huachipato. •⌃

Lo primero que hay que considerar es un conocimiento básico de la ciudad donde van a vivir. •⌃ Concepción es una ciudad metropolitana con más de medio millón de habitantes. •⌃ Está situada a 480 kilómetros de la capital, Santiago. •⌃ Como cualquier otra gran ciudad, las edificaciones más elevadas se encuentran fundamentalmente en el centro de la ciudad •⌃ y albergan en ellas oficinas públicas y privadas así como los principales hoteles. •⌃ Los barrios residenciales, donde nuestra compañía alquiló apartamentos para ustedes, están diseminados por distintos puntos de la ciudad, •⌃ pero la vinculación entre estos lugares diferentes se logra a través de amplias calles y avenidas. •⌃ Es grato observar que en todos los sectores de la ciudad hay parques y otras áreas verdes que mantienen oxigenado el ambiente, ayudando a que se disperse el smog. •⌃

Una vez deshechas las maletas, después de los primeros días se pueden notar sentimientos de molestia que pueden convertirse en el pánico o la crisis. •⌃ Esto es causado por lo que llamamos un choque cultural. •⌃ Al llegar a Concepción, notarán que hay muchas cosas que son parecidas a la vida que conocen aquí. •⌃ Los apartamentos son muy parecidos y tienen todas las comodidades a las que están acostumbrados, los autos de alquiler son del año e incluso encontrarán muchas personas que hablan inglés. •⌃ No obstante, empezarán a notar algunas diferencias entre las horas de trabajo, las horas de comida, el tipo de comida, las comunicaciones entre la gente de las fábricas y de las oficinas que pueden resultar diferentes o incluso chocantes. •⌃ Normalmente cuando uno llega a un país o vive entre gente de cultura diferente se pasan cuatro etapas antes de que se empiece a aceptar la situación tal como es. •⌃

Al principio, van a notar que lo diferente se puede considerar como exótico y divertido, como cuando van de vacaciones a un sitio diferente. •⌃ Luego, empezarán a sentir la segunda fase cuando lo exótico y lo divertido se convierte en una sensación de molestia o incomodidad. •⌃ Esto es cuando uno se da cuenta que las costumbres culturales empiezan a afectar la vida privada o la comodidad. •⌃ Y aunque les parezca extraño, son las cosas menos importantes las que, normalmente, afectan a la mayoría de las personas. •⌃ Cosas, que si estuvieran en sus casas, las considerarían como cosas inconvenientes pero no como un problema monumental. •⌃ Por ejemplo, el hecho de que a veces es más difícil hacer llamadas telefónicas o que las líneas del *fax* se cortan con más frecuencia, puede traducirse en una situación de crisis, cuando en realidad lo que hay que hacer es esperar un poco más. •⌃ Para realizar un trabajo que normalmente tardaría cinco minutos, a veces en otros países, puede tardar hasta horas. •⌃

El tiempo que se dura para pasar de una fase a otra depende del individuo y del nivel de estrés en que se encuentre. •⌃ Por ejemplo, para una persona que está en verdadera crisis nerviosa o depresión y pasa el tiempo quejándose sobre su situación, sería mejor si se pusiera en contacto con su jefe para volver a casa •⌃ —porque en el trabajo será un individuo completamente incapaz de desenvolverse en forma racional. •⌃ Por otro lado, una vez aceptadas las diferencias con sus incomodidades, en la tercera etapa la mayoría de personas gradualmente se adaptan a las circunstancias y se dan cuenta de que lo diferente no es ni malo ni insuperable. •⌃ En la cuarta etapa, estas personas vuelven a un ritmo de vida normal. •⌃ También, terminan por aceptar la cultura y sus condiciones tales como son, están seguros de sí mismos, contentos y pueden aprovechar su estadía en el extranjero al máximo. •⌃

Espero que disfruten de su estadía en Chile y puedan incorporarse al cambio social lo antes posible, •⌃ para que puedan disfrutar al máximo de todas las cosas buenas que este país les puede ofrecer durante su vida en Concepción. •⌃

4 LA DIVERSIÓN Y EL TIEMPO LIBRE

PRIMER PASO: LOS DEPORTES MÁS DIFÍCILES DEL MUNDO

¡A ESCUCHAR!

A. ¿Cuáles son los más difíciles?   Escucha la conversación siguiente entre Carolina y Gilberto sobre los deportes más difíciles.

CAROLINA: ¿Cuántos minutos más? •ʼ

GILBERTO: Veinte. •ʼ

CAROLINA: ¿Veinte? Parece que ya le he dado una vuelta al estado en bici. •ʼ

GILBERTO: No me canso tanto como al principio. Qué suerte que no estamos entrenándonos para los Juegos Olímpicos. •ʼ

CAROLINA: Seguro. Después de ver los Juegos en la tele el año pasado, me di cuenta de que hay algunos deportes como el esquí y la gimnasia que requieren un entrenamiento y una fuerza física extraordinaria, •ʼ pero también hay otros deportes menos conocidos que requieren mucha destreza. •ʼ ¿Puedes adivinar cuál es el deporte en que el número de personas que lo dominan no pasa de cincuenta en todo el mundo? •ʼ

GILBERTO: A ver... ¿es un deporte que se juega en equipos? •ʼ

CAROLINA: No, en este sentido es diferente, porque ni se juega en una cancha ni en un campo deportivo. •ʼ

GILBERTO: Lo único que me viene a la mente son los dardos. •ʼ

CAROLINA: No son los dardos. ¿Te rindes? •ʼ

GILBERTO: Sí, me rindo. ¿Qué deporte es? •ʼ

CAROLINA: Es el billar artístico. •ʼ

GILBERTO: ¿Qué difícil puede ser darles a unas bolas con un palo encima de una mesa? •ʼ Creo que el tenis de mesa es más difícil, por lo menos ahí tienes que correr un poco antes de pegarle a la pelota... ¿pero el billar? •ʼ

CAROLINA: No es difícil por la actividad física. •ʼ La dificultad de este deporte se encuentra en la calidad de cada jugada y no en la fuerza. •ʼ En el billar artístico, las bolas son impulsadas con un palo —el taco— de aproximadamente un metro y medio de longitud. •ʼ En teoría es posible conseguir 500 puntos, pero eso es sólo en teoría. •ʼ Hasta ahora, el récord mundial está en los 390. •ʼ Durante la competencia las dudas y las distracciones no están permitidas. •ʼ

GILBERTO: Todavía me parece un poco raro. •ʼ Hablando de distracciones... supongo que ahora me vas a decir que otro de los deportes difíciles es el golf. •ʼ

CAROLINA: ¿Cómo lo sabías? Tienes razón. •↘ Es otro deporte que es muy difícil de dominar y de mantener la técnica a nivel profesional. •↘ Desde el punto de vista psicológico, es posible que no haya ningún deporte tan difícil como éste. •↘ Aparte de la armonía entre cerebro y cuerpo, se dice que el músculo más importante para jugar al golf está ¡entre las orejas! •↘ Se exige de la meta un rendimiento límite. •↘ El momento decisivo dura sólo fracciones de segundos. •↘ Es el instante en que el palo golpea la bola a una velocidad superior a los 200 kilómetros por hora. •↘

GILBERTO: Pero no hay ningún deporte que requiera más fuerza física que el fútbol americano o el baloncesto. •↘ ¿Éstos están clasificados entre los difíciles? •↘

CAROLINA: Sí, el fútbol americano se considera como una actualización de las antiguas luchas de gladiadores en el Coliseo romano. •↘ Su práctica requiere una violencia extrema, pero también una gran velocidad de reacción y capacidad de análisis. •↘ Éste es el único deporte que se juega en equipo y que llegó a la lista de los más difíciles. •↘ Hay dos deportes más en la lista. ¿Sabes cuáles son? •↘

GILBERTO: Ya se me acabaron todas mis ideas. Si no es uno de los deportes radicales, no sé lo que puede ser. •↘

CAROLINA: Bueno, algunos de los deportes radicales son bien difíciles y también requieren una concentración enorme. •↘ Pero aún no han llegado a ser calificados. El penúltimo es el salto con pértiga. •↘

GILBERTO: Por fin, mencionaste un deporte que yo podía considerar difícil. •↘ En el momento del salto, el atleta debe estirarse por completo, lo cual me parece extremadamente difícil. •↘

CAROLINA: Sí, el cuerpo percibe el movimiento de elevación como una situación de peligro, e intenta recuperar el equilibrio. •↘ Fíjate que a los tres metros de altura, los brazos y las piernas se hallan por encima de la cabeza •↘ y en el último instante la persona se mantiene en forma vertical, con el extremo de la pértiga sobre una mano. •↘ Al final, el atleta deja de doblarse, suelta la pértiga y gana más altura por el impulso. Vuela en forma de arco sobre el listón. •↘

GILBERTO: Y, ¿a qué altura se llega a saltar? •↘

CAROLINA: Sergio Bubka de Ucrania llegó a saltar a una altura de 6,15 metros. •↘ Desde 1984 ha sido el campeón mundial. •↘

GILBERTO: Lo que más me impresionó de las Olimpiadas de invierno fue el patinaje artístico. •↘ Me parece casi imposible poder bailar sobre patines, saltar, dar vueltas y mantener el equilibrio sobre una pieza de metal que tiene el mismo grosor que dos monedas de veinticinco centavos. •↘

CAROLINA: Ya lo tienes. El patinaje artístico está clasificado entre los deportes más difíciles porque requiere una capacidad artística de baile clásico el esfuerzo físico. •↘ Alguna vez un patinador realizó una exhibición controlada por cámaras. •↘ Después de analizar las películas, se dio cuenta que había alcanzado nueve revoluciones por segundo, es decir casi 540 revoluciones por minuto. •↘

GILBERTO: Y el último, ¿cuál es? •↘

CAROLINA: La natación artística. •↘

GILBERTO: Entiendo que los nadadores que se tiran de un trampolín, de una altura tremenda, necesitan ser muy valientes y tener muy buenas facultades físicas, •↘ pero no sabía que nadar con música fuera tan difícil. •↘

CAROLINA: En realidad, entre los deportes que he mencionado quizás sea uno de los más exigentes •⌢ porque requiere que la persona sepa nadar, bailar y no respirar por unos dos minutos. •⌢ Inténtalo. No respires por dos minutos mientras haces ejercicio y a ver lo que te pasa. •⌢

GILBERTO: No, gracias. Para mí, basta continuar pedaleando y hablando a la vez. •⌢ ¿Cuántos minutos nos quedan? •⌢

CAROLINA: Unos diez más. Adelante... •⌢

SEGUNDO PASO: PARQUES DE ATRACCIONES

¡A ESCUCHAR!

A. Una línea de tiempo. Escucha la siguiente historia sobre los comienzos de los parques de atracciones.

En Europa los parques de atracciones datan de los tiempos medievales cuando los jardines públicos empezaron a ganar popularidad en las afueras de las grandes ciudades. •⌢ Estos jardines, aparte de sus flores, fuentes y lagos, ofrecían espectáculos teatrales, marionetas y animales, fuegos artificiales, bailes, juegos de azar y hasta algunas novedades como carruseles y sillas voladoras. •⌢

A los finales del siglo XIX, tuvieron lugar la urbanización de las ciudades y la iniciación del transporte público con la introducción de los tranvías eléctricos. •⌢ También en aquella época, las compañías urbanas empezaron a construir algunos parques. •⌢ Estos parques tenían áreas para picnic, salas de baile, restaurantes, juegos y algunas atracciones como la noria y la montaña rusa, para incrementar el número de visitantes los fines de semana. •⌢ Tuvieron un éxito enorme y en poco tiempo su popularidad se extendió por todo Estados Unidos. •⌢

Los parques de atracciones entraron en su edad de oro en 1893, con la Exposición Mundial Colombiana en Chicago. •⌢ Allí la noria y el paseo de kioscos de comidas y juegos de azar dieron lugar al primer parque moderno construido por Paul Boynton en el sur de Chicago, *El parque Palisades,* •⌢ que incluyó un paseo con kioscos y atracciones variadas y hasta un lago con barcos para remar. •⌢ Después de sólo un año, Boynton construyó *Coney Island* en Nueva York, llegando a ser el centro más importante de la industria de los parques. •⌢ Centenares de parques fueron construidos por todo el mundo, •⌢ donde empezaron a predominar las atracciones de emociones fuertes dirigidas sobre todo a un público juvenil como la montaña rusa, la noria y las plataformas que realizaban recorridos circulares y verticales. •⌢ Con el tiempo todas estas atracciones aumentaron no sólo en tamaño sino también en velocidad. •⌢ Después de esta gran ola de popularidad y durante la Segunda Guerra Mundial, más del cincuenta por ciento de los parques cerraron •⌢ y, después de un período de unos diez años, sólo quedaron unos 400 de los 1.500. •⌢

Muchos años pasaron antes de que los parques pudieran recuperar su popularidad de nuevo. •⌢ En los años 50, se empezaron a diseñar parques infantiles para atraer a toda la familia. •⌢ La industria ganó nuevo ímpetu con el desarrollo de *Disneyland,* California, un parque que ha ofrecido el centro de ocio más avanzado, seguro y completo, •⌢ integrándolo a la vida cotidiana de la ciudad, para un público variado y cada vez más exigente. •⌢

Hoy en día los parques de atracciones en todo el mundo están diseñados para tener diferentes zonas o sectores •⌢ que representen temas populares como la tecnología, la fantasía y el futuro. •⌢ Cada año brinda nuevas atracciones en estos nuevos complejos de ocio y diversión para todas las edades. •⌢

TERCER PASO: EL JUEGO DEL DOMINO

¡A ESCUCHAR!

A. Números y más números.   Escucha las reglas básicas para jugar una partida de dominó.

Para jugar al juego del dominó se necesitan veintiocho fichas rectangulares. ● Las caras de cada ficha están divididas en dos secciones o semicaras. ● Cada semicara está marcada con pequeños círculos pintados o grabados, excepto la blanca y la blanca doble que no tienen ninguna marca. ●

El valor de cada ficha se puede ver en las dos semicaras y éstas van desde la blanca doble, sin puntos, hasta el seis doble, con doce puntos. ● Cada valor aparece en siete fichas en una de sus semicaras. ● Por ejemplo, el valor de tres puntos aparece en las fichas marcadas tres-blanca, tres-uno, tres-dos, tres-tres, tres-cuatro, tres-cinco y tres-seis. ●

Para empezar el juego se ponen todas las fichas boca abajo y se mezclan. ● Cada jugador toma una ficha. ● Normalmente hay cuatro jugadores por partida. ● El jugador que toma la ficha de más valor es el que empieza y le sigue la persona que se halla a su derecha. ●

Después de mezclar las fichas de nuevo, cada jugador toma siete, y comienza el juego. ● El jugador que tomó la ficha de más valor empieza tirando la ficha que él desee. ● El jugador a su derecha tiene que tirar una que se empareje en puntos con cualquiera de las dos semicaras y así sucesivamente. ● Si uno de los jugadores no posee una ficha que pueda emparejar con cualquiera de las semicaras que hay en los extremos dice «¡Paso!» ● Esta indicación es suficiente para que este jugador decline su turno y el siguiente jugador ponga su ficha. ● El juego sigue así sucesivamente hasta que el primero de los cuatro haya puesto en la mesa sus siete fichas. ● Si por alguna circunstancia se llega a un momento en que todo el mundo pasa, cada jugador suma el valor de cada ficha y la persona con los menos puntos es el ganador del juego. ●

5 EL MEDIO AMBIENTE:

enfoque en nuestro planeta

PRIMER PASO: PRODUCTOS LIMPIADORES QUE MATAN

¡A ESCUCHAR!

A. Productos limpiadores que matan. En el primer *paso* vas a escuchar una narración que explica cómo podemos utilizar productos naturales para la limpieza del hogar.

Es un fenómeno tan curioso como absurdo: vivimos en casas cada vez más limpias en medio de un ambiente cada vez más contaminado. •↰ Vestidos en blanco nos deslizamos sobre suelos de cristales impecables mientras crecen las montañas de basura, •↰ se pudren los ríos y lagos y se mueren los árboles. •↰ Ya existen más de mil productos de limpieza en el mercado, aunque realmente sólo son necesarios cinco o seis. Todo lo demás es nocivo para el medio ambiente. •↰

- Para la limpieza de la casa basta con jabón puro, polvo abrasivo y un limpiahogar líquido. •↰ A esto se pueden añadir, en algunos casos, amoníaco y vinagre. •↰
- Los pisos de la casa pueden limpiarse con agua y unas gotas de limpiahogar. •↰ Para los que son de parquet, se pueden añadir unas gotitas de vinagre. •↰
- Las superficies de plástico, azulejos, etcétera, quedan bien con agua y jabón. •↰ Las manchas de grasa se quitan con amoníaco, un excelente desengrasante. •↰
- Para los objetos de cerámica y cristal, simplemente se debe usar agua caliente. •↰
- No hacen falta productos especiales para los inodoros y lavabos. •↰ Limpiándolos con un cepillo y polvo abrasivo quedan perfectamente higiénicos. •↰ No se deben tirar en el inodoro tampones, colillas de cigarrillos, ni ningún otro objeto. •↰ Además de provocar atascos, son difíciles de eliminar en las centrales depuradoras donde purifican el agua. •↰
- El horno puede limpiarse con una solución de bicarbonato de sodio. •↰
- Lo mejor para la madera es la cera de abeja. •↰ Si se quiere encerar el suelo, es preferible usar cera en pasta en vez de productos para diluir en agua, ya que estos últimos dificultan su posterior tratamiento. •↰
- No es preciso recurrir a las armas químicas por cada insecto que entre en casa. •↰ Un matamoscas también es eficaz. •↰ Las arañas no causan ningún daño; por el contrario, nos ayudan a acabar con los mosquitos. •↰ Las plantas aromáticas, como la albahaca o la lavanda, también son buenas armas; su olor ahuyenta a los insectos. •↰
- Cuantas más veces se limpien las alfombras, más vuelven a ensuciarse. •↰ Las manchas se pueden eliminar con espuma de afeitar cuando aún están frescas. •↰ La limpieza general —con agua y amoníaco— sólo es necesaria de vez en cuando. •↰
- Para el lavavajillas, las grandes marcas aún no han desarrollado detergentes ecológicos. •↰ Pero por lo menos podemos ahorrarnos el abrillantador, sustituyéndolo por unas gotas de limón y abriendo la puerta del aparato inmediatamente después de su uso para que el contenido se seque al aire. •↰

- En cuanto a la lavadora, se debe esperar a que esté bien llena antes de ponerla en marcha. •⌐ Tampoco hace falta lavar prendas como pantalones o suéteres después de usarlos sólo unas horas. •⌐ Los pantalones no se ensucian por usarlos sólo una tarde. •⌐

- Se deben usar detergentes sin fosfatos. •⌐ Otra alternativa es emplear un detergente ligero para lana y prendas finas, ya que es menos agresivo que los detergentes normales. •⌐

- Se debe prescindir del suavizante. La ropa que se seca al aire libre no lo necesita. •⌐

SEGUNDO PASO: DEFENDAMOS A LOS ANIMALES

¡A ESCUCHAR!

A. Unas ideas principales.   En el segundo *paso* vas a escuchar sobre los esfuerzos que se hacen para proteger y cuidar a nuestros amigos los animales.

El aeropuerto de San José, en Costa Rica, recibe a los turistas con un gran cartel que tiene un magnífico tucán con una leyenda que dice: *Extinto es para siempre.* •⌐ Con este tipo de mensaje, algunos gobiernos intentan persuadir a los visitantes para que no contribuyan a la extinción de las especies protegidas por capturar y venderlas, •⌐ aunque en realidad éste es un tráfico ilegal que no cesa. •⌐ Y es que este negocio no puede ser más rentable. •⌐ Por ejemplo, el precio de un mono o de un loro se multiplica por cien desde su captura en la selva hasta su venta final. •⌐

Edgar Palpan, un comerciante peruano de animales exóticos, revela que dada la geografía variada de su país, •⌐ puede conseguir reptiles, monos y hasta jaguares para sus clientes, los cuales están dispuestos a pagar hasta 400 dólares por ellos, más de cuatro veces el sueldo de un mes. •⌐ Está estimado que éste es un mercado de más de cinco billones de dólares anuales. •⌐

Se estima que más del 50 por ciento de los animales que están envueltos en este tráfico mueren en los viajes •⌐ a causa de enfermedades que son producidas por mal acondicionamiento en las cajas de transporte. •⌐ De este número, sólo la mitad llegan a sus compradores. O sea de cada cien animales, sólo sobreviven 25. •⌐

Durante el transporte viaja escondidos en cajas o maletas con dobles fondos, sin que el aire en su interior se renueve, con falta de alimentos y sobre todo de agua. •⌐ Esto hace sufrir a los animales innecesariamente. •⌐ Los animales de tamaño pequeño son los que padecen más, dada su fragilidad y sensibilidad a malos tratos. •⌐ Entre ellos, está el mayor índice de mortalidad. •⌐ Por ejemplo, para poder transportar mejor a los loros se les tapa la cabeza a la vez que se les inyectan tranquilizantes. •⌐

El Fondo Nacional para la Naturaleza (ADENA/WWF) indica que muchas especies constituyen un riesgo para las personas y para otros animales, •⌐ al poder transmitir enfermedades que son desconocidas en nuestra parte del hemisferio. •⌐ El 60 por ciento de estos animales tienen de algún tipo de infección y son responsables de más de 175 tipos de infecciones. •⌐ También, el ADENA/WWF indica que muchas veces se venden animales que son extremadamente peligrosos y que nunca se pueden domesticar como a los perros y los gatos. •⌐ Hasta ahora la única solución es intentar controlar la salida de los animales de sus países de origen •⌐ y hacer entender a la gente que por cada animal que compran más de seis tienen que morir. •⌐

TERCER PASO: ¡QUE NO TE OIGO!

¡A ESCUCHAR!

A. Peligro moderno.   En el tercer *paso* vas a escuchar un discurso sobre los efectos negativos del ruido.

Está en el cielo y en la tierra; en las céntricas calles de la ciudad; en la casa del vecino. •ʌ En todo lugar donde hay gente, hay ruido. •ʌ Yo lo defino como el sonido inarticulado y confuso, sin armonía, que excede hasta en cinco veces el límite permitido por el oído humano. •ʌ Este ruido puede estar ocasionando severos daños en más del 20 por ciento de la población. •ʌ

La música reproducida en auriculares —conocidos comúnmente como «Walkman»— puede llegar a producir alteraciones en el sistema nervioso. •ʌ El uso de auriculares musicales puede contribuir a que se produzcan accidentes mortales. •ʌ Si el nivel de sonido en el que se desarrolla la vida cotidiana del ser humano es de 10 a 15 decibelios, •ʌ fácilmente se puede tener una idea de lo que ocasiona al oído un ruido cuya intensidad supere los 70 decibelios, nivel alcanzado por la música de cualquier discoteca. •ʌ

De esta manera vemos que el uso de auriculares es peligroso por lo menos en dos sentidos: •ʌ por un lado, la persona que los usa es susceptible de sufrir un accidente al aislarse de la realidad; •ʌ por otro, las consecuencias que un órgano tan delicado como el oído puede sufrir con el tiempo son muy graves. •ʌ Definitivamente, la música reproducida por ese tipo de aparatos electrónicos se convierte en una especie de droga para el niño y el adolescente en general. •ʌ

Otra de las causas comunes para quedarse sordo es la excesiva exposición a ruidos generados por máquinas industriales y de transporte, •ʌ además de la asistencia a discotecas donde el sonido es distorsionado por el elevado volumen. •ʌ El ruido, ocasionado por los motores de combustión, los altavoces utilizados en la vía pública, •ʌ las sirenas de las que hacen uso los departamentos de policía y las ambulancias de rescate, provocan en el habitante problemas agudos de hipertensión. •ʌ

Hacer demasiado ruido es el abuso de un derecho que infringe en el derecho de estar tranquila de la persona que vive a nuestro lado. •ʌ Así que tenemos que entender que la responsabilidad de proteger el medio ambiente de ese fenómeno es de la ciudadanía entera. •ʌ Claro que también los industriales, el transporte y los comerciantes tienen que reducir este tipo de contaminación. •ʌ De otra manera, las grandes ciudades corren el riesgo de crear generaciones de gente neurótica y sorda. •ʌ

6 CAMBIOS EN EL FUTURO

PRIMER PASO: GUÍA BÁSICA PARA COMPRAR UNA COMPUTADORA

¡A ESCUCHAR!

A. Respuestas breves. En el primer *paso* vas a escuchar unos consejos sobre como comprar una computadora nueva o de segunda mano.

Los usos de las computadoras son múltiples: •↶ pueden llevar el registro de las cuentas de la casa, ayudar con los estudios, servir como aparatos de diversión con juegos electrónicos •↶ y ser empleadas como procesadores de palabras o *supermáquinas de escribir.* •↶

Quizás su mayor desventaja sea que no son económicas ya que una computadora con impresora puede valer de 1.000 a 5.000 dólares. •↶ También se puede comprar una computadora de segunda mano por unos 500 dólares. •↶ Pero antes de comprar su primera computadora, la Oficina para Mejores Negocios le sugiere estos pasos: •↶

- Primero, aprenda cuáles son los componentes básicos de una computadora y cómo se llama cada uno de ellos. •↶ Para un mejor conocimiento del sistema hay que saber diferenciar los diferentes tipos de pantalla, impresora y módem. •↶

- Segundo, defina bien cuáles son sus necesidades. •↶ Por ejemplo, si desea comprar una computadora para ayudar a sus hijos con sus estudios, consulte en la escuela. •↶ Pero si sólo le interesan los juegos electrónicos, una computadora de bajo precio o un sistema de vídeo que se conecte al televisor podría ser suficiente. •↶

- Tercero, averigüe qué modelos de computadora y programas existentes en el mercado pueden satisfacer sus necesidades. •↶ Cuando ya las haya definido, consulte con amigos y colegas que tengan computadora, o busque información en las bibliotecas, librerías o puestos de periódicos de su localidad. •↶ Hay publicaciones especializadas que ofrecen información básica sobre los diferentes tipos de computadoras, programas y precios. •↶ También puede pedirles catálogos por correo a los diferentes fabricantes de computadoras. •↶

- Cuarto, establezca un presupuesto. Si éste es limitado, comience por lo básico: computadora, pantalla, teclado, programas e impresora. •↶ Si lo desea, más adelante podrá adquirir otros componentes para añadírselos a su computadora. •↶

- Finalmente, compare modelos. •↶ Al evaluar distintas computadoras, considere si puede utilizarlas con los programas que usted necesita. •↶

SEGUNDO PASO: PARA SER DETECTIVE

¡A ESCUCHAR!

A. Identificaciones. En el segundo *paso* vas a escuchar la descripción de unos artículos que se venden en el boutique del espía.

El primer aparato se puede colocar en la pared. •↘ Este reloj, gracias a una cámara de televisión que tiene incorporada, capta los movimientos que la persona espiada desarrolla dentro de una habitación. •↘ El lente se esconde tras uno de los puntos de las horas. •↘ La principal ventaja de este sistema es que su presencia es imposible de detectar con sistemas electrónicos. •↘

El segundo instrumento está considerado como el elemento imprescindible para realizar un buen trabajo de espionaje. •↘ Este reloj de pulsera digital es una cámara fotográfica. •↘ Su funcionamiento es totalmente silencioso y utiliza discos magnéticos. •↘ El reloj se vende también con un sofisticado equipo de visión portátil. •↘ De fácil manejo, el reloj-cámara utiliza película en blanco y negro. •↘

El nuevo distorsionador de voz digital es el mejor de los inventos para que las llamadas telefónicas se conviertan en anónimas o para simular que llaman muchas personas distintas. •↘ El distorsionador, que puede acoplarse a cualquier teléfono, •↘ tiene la ventaja que la voz de la persona que efectúa la comunicación no puede ser reconocida aunque haya exhaustivos análisis. •↘

Esta minicámara de televisión ha sido diseñada para que pueda ser instalada dentro de cualquier objeto, •↘ teniendo ésta el mismo tamaño de una caja convencional de cigarrillos. •↘ Todo en ella es pequeño, concretamente su lente es del tamaño de una aguja de coser. Se trata de uno de los aparatos visuales más logrados. •↘ Puede funcionar con electricidad o con baterías. •↘

El transmisor de radio es uno de los aparatos más pedidos en el mercado del espionaje. •↘ Se adhiere al cuerpo y permite mantener contactos continuos con los amigos y retransmitir el diálogo de los enemigos. •↘ El aparato recibe las señales sonoras con gran claridad y su funcionamiento es con baterías, asegurando su uso por varias horas. •↘

TERCER PASO: EL MICROCUENTO «GÉNESIS» POR MARCO DENEVI

¡A ESCUCHAR!

A. Unas imágines. En el tercer *paso* vas a escuchar un microcuento escrito por Marco Denevi, un escritor argentino.

Con la última guerra atómica, la humanidad y la civilización desaparecieron. •↘ Toda la tierra fue como un desierto calcinado. •↘ En cierta región de Oriente sobrevivió un niño, hijo del piloto de una nave espacial. •↘ El niño se alimentaba de hierbas y dormía en una caverna. •↘ Durante mucho tiempo, aturdido por el horror del desastre, sólo sabía llorar y clamar por su padre. •↘ Después, sus recuerdos se oscurecieron, se disgregaron, se volvieron arbitrarios y cambiantes como un sueño, su horror se transformó en un vago miedo. •↘ A ratos recordaba la figura de su padre, que le sonreía o lo amonestaba, o ascendía a su nave espacial, envuelta en fuego y en ruido, y se perdía entre las nubes. •↘ Entonces, loco de soledad, caía de rodillas y le rogaba que volviese. •↘ Entretanto, la tierra se cubrió nuevamente de vegetación; las plantas se cargaron de flores; los árboles, de frutos. •↘ El niño, convertido en un muchacho, comenzó a explorar el país. •↘ Un día vio un pájaro. •↘ Otro día vio un lobo. •↘ Otro día, inesperadamente, se halló frente a una joven de su edad que, lo mismo que él, había sobrevivido los estragos de la guerra atómica. •↘

—¿Cómo te llamas? —le preguntó. •↘

—Eva, —contestó la joven—. ¿Y tú? •↘

—Adán. •↘

7 LA COMUNIDAD LATINA

PRIMER PASO: UNA VISITA EN NUEVA YORK

¡A ESCUCHAR!

A. Información incompleta. En este *paso* vas a escuchar una conversación entre dos amigos, Elisa y Ernesto, cuando se reúnen en un restaurante en Nueva York.

ELISA: Ernesto... Me ha dado mucho gusto verte aquí y gracias por la invitación. •⌃

ERNESTO: No hay de que... Elisa, yo me he alegrado mucho de que hayas podido venir. •⌃ Es como volver a los tiempos cuando éramos universitarios. •⌃

ELISA: Aunque en aquella época teníamos menos dinero y más tiempo para disfrutar de todo lo que hay en esta ciudad. •⌃ Cuando me ofrecieron el trabajo como abogada internacional para la empresa, yo creía que por fin iba a poder disfrutar de tener un apartamento en Manhattan, •⌃ aunque fuera pequeño, e iba a disfrutar de todas las distracciones de la ciudad, pero siempre ando con el tiempo justo. •⌃

ERNESTO: Como me acuerdo de cuando éramos estudiantes de derecho y de todos los amigos y amigas... cómo nos divertíamos. •⌃

ELISA: Ni lo menciones. Parece que haya pasado un siglo desde que todos nos reunimos en aquel café en Greenwich Village. •⌃ Pero te das cuenta de que la ciudad sigue igual. •⌃ Con más de dos millones de hispanohablantes, puedes vivir en esta ciudad perfectamente, sin hablar inglés. •⌃ Cada vez que vienen mis abuelos, me dicen que les sorprende que puedan comprar los mismos productos aquí que en San Juan. •⌃

ERNESTO: Y también pueden gozar de la comida. •⌃ Vamos a tomar un vino de mi tierra como aperitivo, es el único restaurante que conozco que lo tiene. •⌃

ELISA: Sí, el Rincón de España me recuerda a aquel restaurante en Madrid donde cené una noche con unos empresarios de la fábrica el año pasado... •⌃ Pero dime, ¿cómo está tu esposa MariCarmen? •⌃

ERNESTO: Tú sabes... lo mismo de siempre, liada, porque cuando hay algún problema serio, en vez de llamar por teléfono tiene que tomar un avión para solucionarlo. •⌃

ELISA: Creo que ahora no tienes derecho a protestar... ser la gerente de una fábrica venezolana en este país con tantos operarios debe ser un verdadero rompecabezas. •⌃ Siempre sabía que MariCarmen saldría adelante con un puesto importante. •⌃¿Todavía tiene su oficina central en Miami? •⌃

ERNESTO: Sí, pero la casa la tenemos en San Diego porque a nosotros nos gusta más el clima de allí. •⌃ Pero no hablemos de los míos... cuéntame qué hace tu hermano Ricardo... •⌃

ELISA: ¿No lo sabes?... Mi hermano murió el invierno pasado. •⌃

ERNESTO: No, no lo sabía. ¿Y de qué murió? •⌃

ELISA: Se enfermó de una gripe que no se la cuidó y se le complicó con pulmonía y fallo del hígado. •⌃ Total que cuando lo fuimos a ver, nadie pudo hacer nada por él. •⌃

ERNESTO: Lo siento mucho. Yo lo apreciaba mucho. •᭶

ELISA: Gracias... pero, bueno, cambiemos de tema... ¿Has ido al Museo del Barrio en la Quinta Avenida? •᭶ Aunque abrió hace unos treinta años, ahora tiene una colección con más de diez mil pinturas, esculturas, dibujos, grabados y fotografías de artistas puertorriqueños y otros latinoamericanos contemporáneos. •᭶ Mi tío tiene algunas de sus fotografías allí. Pero, ¿dónde está ese camarero... ? •᭶

ERNESTO: Creo que en vez de comer, vamos a cenar aquí. •᭶

ELISA: Me temo que tienes toda la razón; creo que se está haciendo tarde para ti. •᭶ ¿Qué tal si vamos al bar y pedimos unas tapas con el vino? •᭶

ERNESTO: Vale. Aquí ofrecen un plato con cinco o seis tapas diferentes que es perfecto para dos personas. •᭶ Así podemos probar un poco de todo. •᭶

ELISA: Buena idea. Aunque los países cambian, las buenas costumbres de la comida siguen igual. •᭶

SEGUNDO PASO: PREGÚNTALE A INMIGRACIÓN

¡A ESCUCHAR!

A. ¿Qué número hay que marcar? En este *paso* vas a escuchar el mensaje grabado de la oficina de Inmigración y Naturalización de Estados Unidos.

Ya que su llamada es muy importante para nosotros, los oficiales del Servicio de Inmigración y Naturalización están disponibles para atenderle durante el horario normal de oficina. •᭶ Sin embargo, dado el gran número de llamadas que hay, haga el favor de utilizar nuestros mensajes grabados como primera fuente de la información que usted necesite. •᭶

Los oficiales de Inmigración se encuentran disponibles para atender a las personas que necesiten visitar nuestras oficinas, dentro del horario de las ocho de la mañana a las cuatro de la tarde de lunes a viernes, excluyendo los días feriados. •᭶ Las personas que necesitan llamar por teléfono a nuestra oficina para comunicarse con un oficial de información de inmigración deben hacerlo dentro del horario de las ocho de la mañana a las cuatro de la tarde, con excepción de los días feriados. •᭶

- Para información sobre su oficina local del Servicio de Inmigración y Naturalización, •᭶ información sobre visados y pasaportes estadounidenses •᭶ o para pedir información sobre el Servicio de Inmigración y Naturalización, marque el número 1. •᭶
- Para instrucciones sobre cómo hablar con uno de nuestros oficiales, marque el número 2. •᭶
- Para oír la lista del temario de mensajes del sistema «Pregúntele a Inmigración», marque el número 3. •᭶
- Para saber cómo informarse sobre el estado de un caso o de una solicitud pendiente, marque el número 4. •᭶
- Para informarse sobre el Servicio de Inmigración y Naturalización y las políticas especiales de inmigración y cómo informarse sobre extranjeros ilegales, marque el número 5. •᭶
- Para informarse sobre visitantes temporales y otras clasificaciones de no inmigrante, marque el número 6. •᭶
- Para informarse sobre visados de inmigrante, adopciones, asilo, ciudadanía y naturalización y residencia permanente, marque el número 7. •᭶
- Para informarse sobre cómo obtener o reemplazar una tarjeta verde de residencia permanente, marque el número 8. •᭶

- Para informarse sobre estudiantes extranjeros, marque el número 9.
- Para informarse sobre cómo obtener permiso para viajar fuera de Estados Unidos, marque el número 10. •ᐟ
- Para oír de nuevo el directorio de mensajes, marque el número 1 ahora. Gracias por haber llamado a «Pregúntele a Inmigración». Adiós. •ᐟ

TERCER PASO: LOS NIÑOS BILINGÜES

¡A ESCUCHAR!

A. Palabras y emociones.   En este *paso* vas a escuchar una entrevista donde el hecho de ser bilingüe abre muchas puertas, aunque también causa frustraciones.

LOCUTOR: Entre los hispanos, es frecuente que los adultos vayan acompañados de niños a las consultas de los doctores, al mercado o a una reunión de vecinos. •ᐟ Y no es una casualidad. •ᐟ Los niños acompañan a sus padres para servir de traductores y para ayudar a que los adultos que no hablan inglés puedan entenderse en el mundo de habla inglesa. •ᐟ

Para estos jóvenes, puede ser una experiencia enriquecedora o frustrante, dependiendo de cómo se maneja. •ᐟ Vamos a hablar con tres estudiantes de la National Hispanic University de San José en California, que sirvieron de traductores para sus familiares durante su juventud y también con el Profesor Mateo Ramos, profesor de Desarrollo Infantil en la misma universidad. •ᐟ Roberto, vamos a empezar con usted. •ᐟ Cuéntenos sobre su experiencia como traductor. •ᐟ

ROBERTO: Era estupendo sentir que yo podía ayudar y hacer algo que mis padres no podían. Tina, ¿qué piensas tú? •ᐟ

TINA: Pues, para mí no fue así. Fue una experiencia frustrante. •ᐟ Yo era muy pequeña y no conocía muchas de las palabras que tenía que traducir, ni siquiera en español. •ᐟ Mis padres se enfadaban conmigo y me gritaban, «¿Para qué estudias entonces?» •ᐟ Yo me sentía fracasada en los dos idiomas. Patricia y yo hemos hablado mucho sobre nuestras experiencias, ¿verdad? •ᐟ

PATRICIA: Sí, algo similar pasaba en mi situación. •ᐟ Me asustaba porque cuando estaba traduciendo, todos se olvidaban que era una niña. •ᐟ Una vez tuve que acompañar a mi madre al hospital y explicar allí problemas de salud de señoras y solicitar que le hicieran varias pruebas médicas. •ᐟ No entendía lo que pasaba y no conocía los términos médicos; así que todo salió al revés y me sentí muy frustrada. •ᐟ

PROFESOR RAMOS: En todos estos casos, yo noto que los niños traductores de sus padres desempeñan un papel muy importante en la supervivencia de la familia •ᐟ porque, en general, los inmigrantes se sienten desamparados, sin control de su propia vida, cuando se enfrentan a la burocracia de habla inglesa. •ᐟ El secreto es no exigirles a los jóvenes más de lo que pueden dar. •ᐟ Así la experiencia puede ser muy valiosa y enriquecedora. •ᐟ Si el padre o la madre apoya al niño con comentarios positivos, como «Como familia, hay que trabajar juntos», •ᐟ el papel del traductor tendrá un verdadero éxito psicológico. •ᐟ

ROBERTO: En mi caso, fue así. •ᐟ Mis padres estaban orgullosos de que yo supiera hablar ambas lenguas. •ᐟ Lo consideraban una prueba de gran inteligencia de mi parte. •ᐟ Muchos padres dan por hecho que sus hijos sean bilingües y no creen que sea necesario darles las gracias o reconocer sus esfuerzos. •ᐟ Todo lo contrario. Yo creo que es muy importante reconocer que los niños son bilingües y que va a ayudarles mucho cuando sean adultos. •ᐟ

8 AUNQUE NO LO CREAS: casos increíbles

PRIMER PASO: EN BUSCA DE OVNIS

¡A ESCUCHAR!

A. ¿Qué necesitas?   En este *paso* vas a escuchar un discurso sobre cómo prepararse para buscar OVNIs.

Antes de elevar sus ojos al cielo en busca de OVNIs, hay que prepararse, como si fueran a ir a un safari fotográfico en busca de flora y fauna en la selva. •ˆ Para poder capturar la imagen de un animal o un OVNI hay que tener alguna idea de cómo se comportan. •ˆ Lo más básico, aunque parezca una tontería, es aprender a reconocer las luces de los aviones para no confundir un F-15 con un OVNI. •ˆ Si viven en un lugar donde hay bases militares también conviene observar cómo los aviones entran, salen y hacen sus maniobras. •ˆ Y sobre todo, si tienen alguna oportunidad de observar globos meteorológicos en vivo o en vídeo, háganlo. •ˆ Vale la pena pasar unas horas familiarizándose con estas naves y globos •ˆ para no confundirse y para poder dar descripciones, comparando y contrastando el comportamiento de un OVNI con estos otros aparatos conocidos. •ˆ

También hay que indagar en los periódicos y en *Internet* los informes sobre las observaciones de OVNIs. •ˆ La mayoría de las apariciones de estos OVNIs ocurren en las primeras horas de la tarde. •ˆ Y aunque no existe una época del año que resulte óptima para detectar los OVNIs, la mayoría son vistos durante el verano. •ˆ Curiosamente, el Asistente del Director para Estudios de OVNIs en Chicago indica que eso posiblemente se debe a que hay más personas al aire libre cuando hace mejor tiempo. •ˆ

Una vez informados sobre los lugares más propicios, no hay que llevar solamente binoculares y cámaras, sino también hay que tener mucha paciencia. •ˆ

Cuando se están preparando para tomar fotografías o para hacer grabaciones de vídeo, hay que entender que a veces hay que llevar varias máquinas y estar preparados para sacar fotos de día, al atardecer o por la noche. •ˆ El secreto está en el estudio y la práctica: •ˆ hay que salir por la tarde y la noche a sacar fotos de aviones con varias cámaras y bajo diferentes condiciones de iluminación y con varios tipos de película. •ˆ Después, hay que comparar los resultados y elegir la mejor combinación dada las circunstancias. •ˆ Es una buena idea tomar clases de fotografía con un profesional para saber cómo utilizar el equipo. •ˆ

Muchos de los problemas de las fotografías que ofrecemos a la prensa son que, en ellas, no se ofrecen ninguna indicación del tamaño real del OVNI. •ˆ Esto es porque cuando sacamos la imagen, no llevamos ningún aparato de medida para calcular las dimensiones del artefacto, ni su velocidad, ni su altitud. •ˆ Si quieren algunos consejos, primero, tomen medidas angulares para calcular el tamaño de cualquier objeto volador que tengan a la vista. •ˆ Para hacerlo, coloquen una moneda entre el dedo índice y el pulgar. •ˆ Extiendan el brazo y saquen unas fotos en forma que la moneda aparezca con el OVNI. •ˆ Después, comparen los objetos que cubre la moneda con los objetos que están cubiertos por el OVNI. •ˆ

Lleven papel y lápiz para hacer un diagrama detallando lo que vieron. •↶ Hagan una observación aérea de la zona, incluyendo marcas naturales y cualquier otra cosa que pueda ser relevante. •↶ Tengan lista una grabadora de sonido. Los OVNIs producen un zumbido vibrante. •↶ También hay que registrar observaciones hechas por otros testigos. •↶ Para poder convencer al público de la existencia de los OVNIs, hay que aportar pruebas claras de cada observación y documentarlas bien. •↶ ¡Así no se podrá negar que no estamos solos en este universo! •↶

SEGUNDO PASO: EL CHUPACABRAS, ¿REALIDAD O FANTASÍA?
¡A ESCUCHAR!

A. ¿Cómo es?   En este *paso* vas a escuchar un reportaje sobre el origen del Chupacabras y algunos incidentes causados por este ser extraño.

Ya son más de cinco países donde se ha denunciado la muerte de animales en condiciones extrañas. •↶ El común denominador de todos ellos es que fueron atacados por un tipo de animal desconocido, que les extrajo la sangre, la mayoría de las veces sin dejar rastro, y les ocasionó la muerte. •↶ Muchos han hecho responsable de lo ocurrido a un ser llamado el Chupacabras, que hasta el momento nadie ha podido fotografiar o grabar en vídeo. •↶

Aquí tiene una lista de los ataques de los últimos días en México. •↶ El 28 de abril: En la población de Alfonso Genaro León, cerca de Los Mochis, Sinaloa, son atacadas cuarenta ovejas; •↶ en el Municipio de Ahome, mueren cuarenta cabras y ovejas. •↶ El día primero de mayo: En un rancho de Agua Prieta, Sonora, son agredidas cuatro ovejas; •↶ en Hermosillo, mueren ocho gallinas. •↶ El tres de mayo: En Puebla, son atacadas dos ovejas. •↶

Las versiones más extendidas definen al Chupacabras semejante a un canguro de ochenta centímetros o un poco más, •↶ con alas de membranas y una especie de aleta dorsal, ojos grandes, colmillos y garras afiladas. •↶ Pero no hay ninguna evidencia científica que compruebe la existencia del Chupacabras, •↶ según lo señala el Dr. Raúl Flores Crespo, especialista en el tema de los murciélagos vampiros. •↶ Este doctor explica que los únicos animales que se alimentan de sangre son los murciélagos hematófagos, así como muchos insectos, •↶ pero que definitivamente no hay ninguna evidencia de que un animal mayor se alimente exclusivamente de sangre. •↶

El mito de la existencia del Chupacabras no es nuevo. •↶ Desde hace varias décadas en México y en otros países se atribuía a este ser la muerte poco clara de grupos de animales. •↶ A principios de los años 90, la presencia del Chupacabras se dio a conocer en Puerto Rico, donde aparecieron decenas de animales muertos a los que se les succionó la sangre. •↶ El Departamento de Agricultura y Ganadería de Puerto Rico realizó autopsias de algunos animales y señaló que murieron atacados por perros y no por alguna especie desconocida. •↶ En Miami, Estados Unidos, se culpó al Chupacabras de ataques contra gallinas, cabras, gansos, palomas y patos, pero una vez más las autoridades señalaron a perros como los únicos culpables. •↶

Sin embargo, debido a las noticias nacionales e internacionales, el Chupacabras cada día gana más fama. •↶ En sitios donde se oyen los rumores de este ser desconocido, inmediatamente se encuentran la prensa y las cadenas de televisión, Telemundo, Univisión, Televisa y Televisión Azteca. •↶ Precisamente las dos primeras empresas se han encargado de buscar al Chupacabras por Florida, Puerto Rico y Colombia, entre otras zonas de América. •↶ El mítico ser tiene tal presencia entre el público hispano de Estados Unidos, que allí se puede encontrar incluso impreso en camisetas. •↶ Algo así como la «chupacabramanía». •↶

El Chupacabras ha cobrado tal fama que también se encuentra en la red del información de *Internet*. ♪ Se ofrecen al menos sesenta y una historias sobre el tema en varios idiomas y se anuncian a la venta playeras y carteles con imágenes. ♪ También hay versos musicales dedicados al Chupacabras. ♪ El Chupacabras: ¿realidad o fantasía? No lo sabemos. Lo cierto es que ya está en la mente de muchas personas. ♪

TERCER PASO: UN PATO SE VENGA DE SU CAZADOR DISPARÁNDOLE EN UNA PIERNA

¡A ESCUCHAR!

A. Eventos principales. En este *paso* vas a escuchar el extraño caso de un cazador sin suerte y un pato vengador.

NOTICIAS: UN PATO SE VENGA DE SU CAZADOR DISPARÁNDOLE EN UNA PIERNA. ♪

Ésta es la historia del cazador que fue cazado por el mismo pato que creyó que había matado. ♪ El incidente ocurrió en Potosí, en el estado de Montana, cuando el pobre Larry Lands y su hijo Larry junior, de dieciséis años, fueron a cazar patos. ♪

Larry, después de dispararle al ave en el cielo, creyó haber tenido mucha suerte porque la presa era un buen ejemplar. ♪ Después, la depositó en la parte trasera de su camioneta junto con las escopetas. ♪ Padre e hijo, felices, recorrieron el camino de regreso a Potosí. ♪ La primera cosa que querían hacer cuando llegaran, era enseñarle el trofeo a su vecino, ya que éste siempre les mostraba su caza a Larry y a su hijo. ♪

Cuál fue la sorpresa de todos cuando Larry junior cogió el pato para sacarlo de la camioneta y el pato volvió a la vida, ♪ y pataleando sagazmente introdujo la pata en el gatillo de la escopeta y lo apretó. ♪ Apurados por volver, ninguno, ni Larry ni Junior, se habían preocupado de descargar la escopeta en el campo. ♪ El proyectil pasó la chapa del vehículo y se depositó en la pierna del pobre Larry, que hoy se recupera satisfactoriamente de su herida en el hospital. ♪

Sin embargo, para Larry Lands la herida más profunda fue la de su orgullo. ♪ No solamente fue cazado por un pato, sino que ahora tiene que responder y pagar una multa a la justicia ♪ por haber cazado antes del inicio de la temporada y por haber transportado un arma de fuego cargada. ♪

Desde esta edición le deseamos a Larry una pronta recuperación de todos sus males, ♪ a la vez que le pedimos que la próxima vez que vaya a cazar utilice su cabeza en vez de meter la pata... ♪

9 FIESTAS Y TRADICIONES

PRIMER PASO: LA TOMATINA DE BUÑOL

¡A ESCUCHAR!

A. Unos detalles.   En este *paso* vas a escuchar un reportaje sobre la Tomatina de Buñol, una de las fiestas más extrañas y divertidas de España.

Unas 30.000 personas de diferentes naciones disfrutaron de la «Tomatina» celebrada en Buñol. •⌐ Una pareja de londinenses decidió festejar su boda bajo la intensa lluvia de tomates y agua en esta batalla incruenta, •⌐ en la que las únicas armas fueron 125.000 kilos de tomate maduro. •⌐

El espectacular festejo, al que asistieron 30.000 personas según fuentes municipales, •⌐ comenzó con una «carcasa» que, a las doce en punto, anunció el inicio de esta contienda vegetal. •⌐ Al mismo tiempo vecinos y visitantes de todas partes del mundo coreaban, dando saltos, «¡Tomate, tomate, queremos tomate!» •⌐ mientras lanzaban los tomates, tiñendo de rojo las calles de esta localidad de la Comunidad Valenciana. •⌐ Luego, cinco camiones repartieron por la plaza del pueblo y por la calle del Cid las 125 toneladas de tomates, •⌐ que inmediatamente se convirtieron en proyectiles e inundaron las calles de pulpa y jugo ácido. •⌐ La lluvia de tomates y agua (esta última lanzada en cubos desde ventanas y balcones) •⌐ no cesó hasta que, una hora después, el disparo de una segunda «carcasa» dio por concluida la «guerra». •⌐

Los vecinos de Buñol, una población de unos nueve mil habitantes, comenzaron de inmediato a limpiar calles y fachadas con las mismas mangueras que habían refrescado al personal, •⌐ mientras que los visitantes acudían a las acequias de riego y a las duchas provisionales habilitadas por el Ayuntamiento para limpiarse. •⌐

Cada año aumenta el número de periodistas que acuden a la Tomatina, según explicó la concejal de Fiestas de Buñol, Minerva Gómez, •⌐ quien añadió que «vienen desde cualquier lugar del mundo, incluso desde Australia o Japón». •⌐

No obstante, la excentricidad de los participantes supera la singularidad del festejo. •⌐ Prueba de ello es que una pareja de jóvenes londinenses, Annabel Mazzoti y Tony Jackson, decidieron celebrar ayer en Buñol su boda entre tomates. •⌐ Jackson, que quedó fascinado hace tres años cuando fue a trabajar por primera vez como camarero a la Tomatina, declaró que «no hay mejor día ni mejor lugar para celebrar nuestra boda». •⌐ Más de setenta familiares y amigos de la pareja de novios acudieron el festejo desde lugares tan dispares como Inglaterra, Canadá, Australia, Holanda y Dinamarca. •⌐

SEGUNDO PASO: EL CARNAVAL DE MAZATLÁN

¡A ESCUCHAR!

A. ¿Sí o no?   En este *paso* vas a escuchar unas sugerencias ofrecidas por la Oficina de Turismo en Mazatlán sobre cómo prepararse para el Carnaval.

El Carnaval de Mazatlán cumple 100 años en 1998. •⌐ Esperamos darles la bienvenida al Carnaval de Mazatlán pero, antes de tomar el avión, tren, barco o auto, aquí tenemos algunas sugerencias para sobrevivir un Carnaval. •⌐

Si estás listo para visitar Mazatlán, haz tu reservación por adelantado. •⌐ Goza de tres días de alegría, con desfiles, combates de flores, confeti, cascarones de huevos. •⌐

Celebra con la gente danzando con disfraces. •⅄ Pero, no vengas a la ciudad pensando que conseguirás un hotel en cuanto llegues aquí; es muy probable que estés durmiendo en tu auto, lo cual no es recomendable. •⅄

No lleves cosas de valor, como joyería, a la zona carnavalera. •⅄ No lleves relojes o pulseras caras al desfile o a las zonas del Carnaval; no los dejes en tu auto o en el cuarto del hotel. •⅄ No dejes ninguna cosa de valor dentro del auto. •⅄ Selecciona tus pantalones con los ladrones en mente. •⅄ No coloques tu cartera en tu bolsillo de atrás. •⅄ Una buena idea es llevar dinero, tus documentos y tal vez una tarjeta de crédito en diferentes partes. •⅄ Los días de Carnaval son días de «efectivo». Muchos lugares de comida rápida, bocadillos y bebidas no aceptan tarjetas de crédito. •⅄

Usa zapatos cómodos ya que caminarás, caminarás y caminarás. •⅄ Vístete para sentirte cómodo, no para estar al último grito de la moda. •⅄ Al elegir tu ropa, trata de seleccionar algo que esté compuesto de varias partes, al cual tú puedas quitar o agregar. •⅄ El clima durante el Carnaval varía desde los diez a los veintitrés grados centígrados, así que ve preparado. •⅄ Es buena idea llevar una chaqueta por si llega a hacer demasiado frío. •⅄ Sólo asegúrate que cualquier cosa que uses, se pueda quitar o poner según lo necesites. •⅄ El vestuario confortable es la clave para disfrutar de estos días de Carnaval. •⅄

Lleva bolsas de plástico, del tipo con agarraderas. •⅄ La cantidad de baratijas que atraparás te asombrará y querrás quedarte con todas. •⅄ Lleva agua o un contenedor de bebidas con agarraderas o correa que puedas poner sobre tu cuerpo, así tus manos estarán libres para recoger recuerdos. •⅄

Organízate para aprovechar mejor el día y procura hacer un itinerario, de tal manera que puedas visitar algunos sitios turísticos como museos, edificios públicos y plazas; •⅄ así, mientras comienza el desfile, puedes ir a otros sitios de interés para que conozcas más este bello puerto. •⅄

Pórtate bien y disfruta tu estadía y, si quieres conocer gente, hazlo de forma respetuosa y harás amigos, no enemigos. •⅄ ¡Demuestra tu educación! •⅄

TERCER PASO: LA NOCHE VIEJA

¡A ESCUCHAR!

A. Entre amigos.   En este *paso* vas a escuchar una conversación entre amigos sobre sus diferentes costumbres de pasar la Noche Vieja.

ALICIA: Pepe, bienvenido a la fiesta. Aquí estamos todos esperando el fin del año. •⅄

PEPE: ¡Qué cena más buena has preparado! •⅄ Parece que tenemos comida para cuatro días. Pavo, jamón y qué cantidad de postres. •⅄ Tú sabes que en mi tierra también se come pavo para el fin del año. •⅄ Sí, ya me acuerdo: una ensalada buena, pavo, patatas... •⅄ ¿Qué es esto... flan? •⅄

ALICIA: No, pero es algo parecido. •⅄ No te olvides que mi esposo es de Dinamarca; por eso preparé el budín con almendra. •⅄ Todos los años me dice que no se puede celebrar el fin del año sin el budín como postre. •⅄ A ver si esta vez me toca la almendra. •⅄ Tú fíjate, eso significa que vas a tener suerte durante todo el año. •⅄ Y tú, ¿qué traes allí? •⅄

PEPE: Uvas para todo el mundo. •⅄

ALICIA: Pero ya te dije que no tenías que traer nada. •⅄ Yo tengo todo preparado para la cena. •⅄

PEPE: No, chica. A las doce de la noche del 31 de diciembre, nosotros, los españoles, despedimos el Año Viejo comiéndonos doce uvas. •⅄

ÁNGEL: Buenas, Pepe. ¿Trajiste las uvas? •⅄

PEPE: Claro que sí. Como estaba explicándole a Alicia, hay que comer una uva con cada campanada del reloj para tener suerte en el año que comienza. •⅄ Esta costumbre se inició en Madrid. •ˇ A principios de este siglo, las personas que se reunían frente al reloj de la Puerta del Sol comenzaron a comerse las doce uvas, acompañando las campanadas. •ˇ Desde Madrid, la tradición se extendió por el resto de España y hoy forma una parte importante de las celebraciones de la Noche Vieja, la última noche del año. •ˇ

ALICIA: Pues, yo tengo mi maleta preparada. •ˇ

PEPE: ¿Te vas de casa? •ˇ

ALICIA: No, pero ojalá que estuviéramos en mi casa. •ˇ

PEPE: ¿No estás bien aquí? •ˇ

ALICIA: Sí, muy bien, pero date cuenta que en Costa Rica ahora estamos en verano y siempre íbamos con toda la familia a la playa después del 25 de diciembre para pasar el fin de año allí. •ˇ Esta noche preparé una cena típica: tamales, ensalada, una pierna de cerdo, postre y, claro, champán —pero falta el calor del verano. •ˇ

ÁNGEL: Cuéntame sobre el calor de tu tierra. •ˇ En Puerto Rico, ahora estaríamos bañándonos en el mar. •ˇ Pero, no nos has contestado. ¿Por qué tienes la maleta? •ˇ

ALICIA: Porque después de saludar a todas las personas a medianoche, yo voy a tomar mi maleta y a andar por la casa; •ˇ así tendré buena suerte y viajaré durante el año. •ˇ

PEPE: ¡No lo puedo creer! El año pasado, vi a tu hermana dándole vueltas a un auto nuevo enfrente de la casa, y todavía está conduciendo su auto viejo. •ˇ

ALICIA: Sí, ¿pero el año pasado no te acuerdas lo que hicimos? •ˇ

PEPE: ¡Cuando todas las chicas se subieron a las sillas! •ˇ

ÁNGEL: ¿Cómo que se subieron a las sillas? •ˇ

ALICIA: Es costumbre nuestra que la mujer se suba a una silla para desearle feliz Año Nuevo al hombre que esté a su lado. •ˇ

PEPE: Sí, me acuerdo. Silvia besó al chico rubio. •ˇ Creo que ni siquiera se conocían. •ˇ

ALICIA: Pues, después de aquella noche, empezaron a salir juntos y en noviembre se casaron. Ángel, ¿cómo celebran en tu tierra? •ˇ

ÁNGEL: El último día del año es un día de preparaciones. •ˇ Como se reúne toda la familia y todos los parientes, hay que limpiar la casa y preparar un montón de comida. •ˇ

ALICIA: Ustedes también preparan la pierna de cerdo, ¿no? •ˇ

ÁNGEL: Sí, pierna de cerdo asada, arroz con gandules, un postre especial tipo flan con coco y canela que se llama tembleque y mucho ron. •ˇ En Puerto Rico, siempre bebemos ron en vez de champán. •ˇ

PEPE: Y, ¿de dónde viene la costumbre del cubo de agua? •ˇ

ÁNGEL: Como hay que limpiar toda la casa, se pone un cubo de agua, limpia por supuesto, en el centro de la casa. •ˇ Así se recogen las malas vibraciones y se hace una limpieza espiritual del hogar. •ˇ Cuando se va acercando la hora, las doce de la noche, todo el mundo pone atención a la tele o la radio para saber la hora exacta. •ˇ A las doce en punto, todo el mundo se abraza para estar muy unidos cuando llegue la hora. •ˇ Entre besos y abrazos, recibimos al Año Nuevo. •ˇ

ALICIA: Y el cubo de agua, ¿qué? •ˇ

ÁNGEL: Como yo estaba diciendo... Inmediatamente después de felicitar a todos, la dueña de la casa toma el cubo de agua y va a la puerta. •ˇ El señor de la casa abre la puerta principal y la señora lanza a la calle el agua para que el año se lleve con su salida todas las malas experiencias y los malos recuerdos. •ˇ Se comienza un año nuevo y todo el mundo a comer, bailar y beber ron. •ˇ

ALICIA: Ya lo has dicho. La cena está preparada. A cenar todo el mundo... •ˇ

10 LAS MUSAS:
las artes y la creatividad

PRIMER PASO: VAMOS AL MUSEO

¡A ESCUCHAR!

A. En los museos. En este *paso* vas a escuchar unos mensajes teléfonicos sobre tres museos en la Ciudad de México.

Gracias por llamar la línea de información cultural. Ofrecemos la siguiente información sobre Museo Franz Mayer, Museo Nacional de Arte y Museo Frida Kahlo y sus exposiciones.

MUSEO FRANZ MAYER. Avenida Hidalgo 45, Centro Histórico. •ᐟ Temporales: Cerámica tradicional japonesa. •ᐟ Permanentes: Sala de textiles. •ᐟ A través de tapices, alfombras, rebozos, sarapés, entre otros, se revisa la historia del textil mexicano desde la conquista hasta los primeros años del siglo XX. •ᐟ Colección de escultura europea y mexicana, que por su secuencia, variedad y belleza es el grupo más importante. •ᐟ Pintura desde los primitivos catalanes del siglo XVI hasta Diego Rivera. •ᐟ Platería española y mexicana. Cerámica española y holandesa. •ᐟ Mobiliario, tapices renacentistas y barrocos de Europa, bordados de China, alfombras de tres continentes, rebozos y sarapés mexicanos. •ᐟ Abierto de martes a domingo de las 10:00 a las 17:00 horas. •ᐟ

MUSEO NACIONAL DE ARTE. Tacuba 8, Centro Histórico. •ᐟ Temporales: Aportaciones de David Alfaro Siqueiros al arte universal. •ᐟ La muestra hace énfasis en las aportaciones de carácter estético y técnico que se pueden evidenciar en su pintura. •ᐟ Éstas son: estudios de poliangularidad, innovaciones técnicas en uso de materiales, creación de una iconografía dentro de lo que él denominó «realismo nuevo-humanista». •ᐟ Permanentes: 400 años de la plástica nacional del siglo XVII a la primera mitad del siglo XX. •ᐟ Un recorrido por las etapas histórico-sociales de México, trabajos de artistas nacionales y extranjeros arraigados en México como Orozco, Rivera y Siqueiros, entre otros. •ᐟ Hay una muestra que reúne 250 obras entre litografías, estampas, grabados y otros registros que dejaron artistas de toda una época, ya sea por el lado del costumbrismo, del paisaje o de la caricatura política. •ᐟ Abierto de martes a domingo de las 10:00 a las 17:30 horas. •ᐟ Visitas guiadas, de martes a viernes de las 10:00 a las 15:00 horas. •ᐟ Domingo y días festivos, entrada libre. •ᐟ Acceso para silla de ruedas. •ᐟ El número central es 512-9928 para más información. •ᐟ

MUSEO FRIDA KAHLO. Londres 247, esquina Allende, Coyoacán. •ᐟ Casa donde nació y vivió la artista, esposa de Diego Rivera. •ᐟ Objetos personales y utensilios de trabajo, así como parte de su obra se encuentran en este sitio. •ᐟ En él, también pueden admirarse cuadros y bocetos de Rivera y piezas de la época prehispánica. •ᐟ Paul Klee y Marcel Duchamp, entre otros pintores, tienen dedicado un sitio en esta legendaria casa en la que, además, •ᐟ puede conocerse una colección de arte popular mexicano que incluye dos mil retablos y unas cien pinturas de autores anónimos nacionales. •ᐟ Abierto de martes a domingo de las 10:00 a las 14:00 y de las 15:00 a las 18:00 horas. •ᐟ Admisión, $10. •ᐟ

SEGUNDO PASO: PUEBLOS DEL CAMINO REAL: ARQUITECTURA Y RESTAURACIÓN

¡A ESCUCHAR!

A. Comprensión. En este *paso* vas a escuchar sobre los planes del Instituto Nacional de Antropología e Historia de México y el Servicio de Parques Nacionales de Estados Unidos para preservar y restaurar algunos de los edificios e iglesias del Camino Real.

En las grandes ciudades de Perú y México se construyeron catedrales e iglesias en los siglos XVI y XVII, •↘ usando los mismos estilos arquitectónicos europeos del renacimiento y, más adelante, del barroco, mezclando los estilos clásicos con la pura inspiración indígena. •↘ Durante las primeras décadas después de la expedición de Oñate, las caravanas llegaban de la Ciudad de México a los aislados pueblos de Nuevo México una vez cada tres años. •↘ Las caravanas eran subvencionadas por el gobierno y organizadas por la Orden Franciscana que desde un principio había fundado misiones en los pueblos indígenas. •↘ Las iglesias en estos pueblos, por regla general, eran mucho más sencillas que las iglesias en las ciudades mexicanas. •↘ La vida diaria de la gente que vivía en las misiones se reducía principalmente a constantes proyectos de construcción en los que se ampliaban y se reparaban los muros y techos de adobe. •↘ Aunque hay un centenar de pueblos con sus iglesias y misiones a lo largo de este camino en Nuevo México, •↘ algunos de los más famosos, por sus atractivos arquitectónicos y su artesanía, son: La Mesilla, Chimayó y Santa Fe. •↘

A unas cincuenta millas de la frontera entre México y Estados Unidos se encuentra La Mesilla. •↘ Allí aún viven muchos de los descendientes de los primeros viajeros, en las antiguas casas de adobe que construyeron sus antepasados, •↘ decoradas al estilo español con muebles de madera oscura, sombríos retratos familiares con ornamentados marcos y coloridos santos colocados sobre estantes de yeso. •↘ Sus vecinos angloamericanos hablan un inglés con acento español y son propietarios de pequeñas tiendas de recuerdos y cerámicas. •↘ Éstas están situadas alrededor de la plaza con una iglesia enfrente. •↘ Las tiendas están construidas de ladrillos de adobe cementados con barro. •↘ El techo está sujetado por las vigas y anclado al suelo por gruesas columnas de madera. •↘ Hay algunos bancos que son parte de la pared que ofrecen al turista un lugar para descansar en el resguardo de la sombra. •↘

Rumbo hacia el norte, encontramos Chimayó, •↘ un pueblo famoso por sus mantas y alfombras hechas por la familia Ortega por más de ocho generaciones, que fue fundado en 1598. •↘ Su plaza es una de las más viejas del estilo español colonial que hay en Estados Unidos. •↘ En muchas de las casas alrededor de la plaza viven los descendientes de los fundadores. •↘ Chimayó también es famoso por el Santuario de Nuestro Señor de Esquipulas. •↘ La leyenda mantiene que un campesino en 1816, mientras labraba la tierra, •↘ descubrió una cruz y un pedazo de ropa que pertenecían a dos curas que fueron martirizados en el mismo sitio. •↘ El campesino, siguiendo las instrucciones de una Voz Divina, construyó una capilla sencilla y puso dentro la cruz que había encontrado. •↘ Hoy en día, muchos peregrinos vienen al santuario porque creen que la tierra que hay dentro de un pozo tiene poderes curativos. •↘ Dentro de la capilla, a lo largo de las paredes, hay muletas y bastones de las personas que han sido curadas. •↘

Santa Fe, situada al extremo norte de la senda que une a México con las Montañas Rocosas, •↘ exhibe sus raíces españolas en el corazón de la ciudad, donde la plaza tradicional se extiende al pie del Palacio de los Gobernadores. •↘ El edificio, construido en 1610, estableció Santa Fe como sede de gobierno. •↘ Ésta fue el puesto fronterizo norteño de la colonización española a lo largo del río Grande. •↘ La ciudad pasó al poder de México en 1821 y a manos de Estados Unidos en 1848. Ambos —el palacio y la plaza— sobrevivieron las distintas dominaciones. •↘

Salvo en los peores días invernales, los joyeros y tejedores ofrecen sus artículos bajo la sombra de las viejas arcadas. •⌄ El centro está lleno de visitantes ansiosos de empaparse con el «estilo de Santa Fe». •⌄ Todos los años, El Mercado Español Tradicional, que tiene lugar el último fin de semana del mes de julio, •⌄ tiene un festival de artesanía sobre la cultura fronteriza basada en la fe, la familia y el idioma de sus antepasados, españoles e indígenas. •⌄ Este festival demuestra que las artes del período colonial español siguen vivas en Estados Unidos del siglo XX. •⌄

TERCER PASO: SESENTA AÑOS DESPUÉS DE GUERNICA

¡A ESCUCHAR!

A. Tomar apuntes.   En este *paso* vas a escuchar sobre el bombardeo de Guernica contado por un hombre que sobrevivió este momento negro de la historia.

«Era solo un mar de llamas. •⌄ La ciudad quedó convertida en ruinas. •⌄ Las gentes corrían en confusión y buscaban a sus padres y familiares», •⌄ dice Iñaki Arzanegui al recordar el bombardeo de Guernica, ocurrido hace sesenta años. •⌄ Yo tenía apenas 14 años cuando la Legión Cóndor alemana redujo a ruinas y cenizas esa pequeña ciudad vasca, en el norte de España, el 26 de abril de 1937. •⌄ Yo sólo sobreviví al infierno de bombas que durante tres horas y media cayó sobre Guernica por haber huido a tiempo hacia las montañas. •⌄

Guernica fue la primera ciudad europea cuya población civil fue atacada con armas de exterminio masivo y sufrió los horrores de la guerra «moderna». •⌄ Casi el 80 por ciento de sus edificios fueron destruidos, entre 300 y 1.500 personas murieron. •⌄ La cifra de víctimas nunca pudo ser precisada con exactitud, •⌄ porque, junto a sus 7.000 habitantes, miles de refugiados vivían en la ciudad. •⌄ El holocausto de Guernica fue eternizado por el pintor Pablo Picasso en un óleo •⌄ que, durante todo el régimen de Francisco Franco (1939–1975), fue mantenido en el extranjero. •⌄ Actualmente es exhibido en el Museo Nacional Centro de Arte Reina Sofía en Madrid. •⌄

Fuera de un pequeño monumento en el centro y otro en el cementerio de la ciudad, nada recuerda hoy el bombardeo en la ciudad. •⌄ Rodeada de montañas cubiertas de bosques y verdes valles, Guernica es una activa y simpática ciudad de 18.000 habitantes. Casi todas sus casas son nuevas. •⌄ Sesenta años después de la destrucción de la ciudad, sus habitantes esperan, aún hoy, una palabra de disculpa de Alemania. •⌄

«La mayoría de nosotros ya no siente odio alguno contra los alemanes, pero sería bueno que Alemania reconociera su responsabilidad.» •⌄ El alcalde de Guernica, Eduardo Vallejo, señaló: «Los gobiernos de Alemania y España tienen una deuda con Guernica. •⌄ Hasta hoy no han reconocido oficialmente quién destruyó la ciudad». •⌄

La propaganda bélica de Franco lanzó entonces la suposición de que fueron los propios vascos quienes lo hicieron. •⌄ Ni el gobierno alemán ni el gobierno español desmintieron jamás esa «gran mentira» y no pretendemos una indemnización financiera. •⌄ Jamás hemos pedido dinero. •⌄

El motivo por el que las bombas de la Alemania nazi destruyeron Guernica no ha sido aclarado definitivamente. •⌄ La Legión Cóndor ayudó a las tropas de Franco contra el gobierno republicano en la Guerra Civil española. •⌄ Guernica era una ciudad completamente indefensa, sin protección antiaérea. •⌄

Los bombarderos nada tenían que temer. •⌄ «Volaban tan bajo que hasta se les podía ver la cara a los pilotos». •⌄ Guernica estaba muy lejos del frente y carecía de importancia estratégica. ✿ Poseía sólo dos objetivos de cierto interés para los militares: un puente a la entrada de la ciudad y una fábrica de armamentos. •⌄ Irónicamente, ambos quedaron intactos. •⌄ En el Proceso de Nuremberg, el mariscal del aire y comandante de la Luftwaffe alemana Hermann Goering declaró en marzo de 1946 sobre el bombardeo: •⌄ «España me daba la oportunidad de probar mi joven fuerza aérea». •⌄

Una segunda explicación va más allá, afirmando que, con este ataque aéreo, Franco y los alemanes quisieron romper la resistencia de los vascos. •⌐ Y escogieron a Guernica especialmente porque, para los vascos, era una ciudad santa. •⌐ Ya en la Edad Media, los reyes de España tenían que jurar bajo el roble de Guernica que reconocían los derechos libertarios del pueblo vasco. •⌐ La destrucción fue un acto de terror aéreo premeditado, con el fin de romper la moral de los vascos en la Guerra Civil. •⌐ Los agresores alcanzaron su objetivo en toda la línea. •⌐ Por miedo a que la gran ciudad de Bilbao pudiera sufrir el mismo destino, los vascos abandonaron la lucha y propusieron una paz aparte con Franco. •⌐ Con esto, los republicanos perdieron el norte de España; a partir de allí ya no pudieron ganar militarmente la Guerra Civil. •⌐

VIDEOSCRIPT

NUESTRA MÚSICA

SONES Y RITMOS

THE DIVERSITY OF REGIONAL MUSIC

¿Qué tipo de música te gusta?

> *«Bueno. Me gusta de toda. Este... tríos. De música mexicana, más que nada, bolero.»*

> *«Bueno. Me gusta toda la música. Me gusta la música popular y a veces me gusta la música clásica.»*

> *«A mí, me gusta mucho la música latina, el mambo y la cumbia, merengue, la música rap también me gusta.»*

> *«A mí, me gusta el rock, metálica; Guns n' Roses es mi grupo favorito.»*

> *«Bueno, me gusta la salsa y el merengue, o sea toda la música movida.»*

Si uno se deja llevar por el ritmo no encontrará descanso en Latinoamérica y España. Cada región, cada país, tiene su propia música para envolvernos en sus bailes. El tango, la bamba, la cumbia, el merengue, la cuenca, la salsa, las tradiciones musicales son interminables.

Latinoamérica

> *«Mi nombre es Adolfo Rodríguez, director musical del grupo Karibú de Costa Rica, el son del Caribe. Somos un grupo básicamente de música tropical. La salsa es, más que nada, la base de la percusión, tumbas, bongós, timbales, y la salsa se toca muy sincopada.»*

En tierras caribeñas no sólo se baila la salsa. El merengue dominicano suena también con sus rápidos ritmos.

> *«Nosotros somos el grupo musical Marfil. Soy el guitarrista del grupo y también canto un poquito. Me llamo Isidor Ash. El merengue es un poco más regionalista. El merengue es de la República Dominicana. El merengue es popular en el universo de toda Latinoamérica, inclusive me atrevo a decir, que también en Europa está entrando. Y la tambora y el güiro son instrumentos... eh... prácticamente... este... claves en la música del merengue. Son instrumentos de origen africano.»*

Los instrumentos no dejan de sonar. El ritmo es constante; continúa sin parar. La tambora y el güiro con su sabor africano no son los únicos instrumentos de orígenes remotos. La marimba también es de origen remoto. Los esclavos africanos llevaron la marimba desde África a las costas de México y Centroamérica.

La marimba es hoy un instrumento muy importante para la música y la danza de México y Centroamérica.

Noche tras noche en la Plaza Garibaldi los mariachis mexicanos tocan sus violines, guitarras y trompetas. En esta famosa plaza de la Ciudad de México muchos mariachis tocan cada noche sin descanso. La gente se para a escuchar y luego decide qué grupo prefiere para las fiestas. O simplemente, les piden sus canciones favoritas.

Algunos mariachis cantan en restaurantes o centros nocturnos.

> «*Ahorita nos encontramos aquí un grupo de compañeros del mariachi Reyes de América.*»

¿De dónde viene la palabra "mariachis"?

> «*Viene de una palabra francesa que es un matrimonio.*»

> «*Bueno. La música de mariachis esencialmente se originó en Jalisco.*»

> «*Este... nuestro grupo de mariachis se compone de ocho violines, este... tres... armonías y dos trompetas; cada una hace diferentes funciones; y nuestra labor, como repito, es acompañar a los cantantes, a los solistas.*»

El baile y la música en cada región encuentran una forma y un sonido propio. En los Andes la música conserva sus raíces indígenas más puras, como este grupo en Bolivia.

¿Cómo se llama este grupo?

> «*Sexteto Femenino Alba.*»

¿Qué tipo de música tocan?

> «*Música folklórica, criolla, de Bolivia y también hacemos música latina.*»

¿Y los instrumentos? ¿Son de origen indígena?

> «*La mayoría. Aymará, quechua y también criolla, ¿no? porque la guitarra es criolla y los instrumentos de viento son aymarás y quechuas.*»

España

Lejos de América, en España, la voz humana se convierte en el instrumento principal. Los gitanos cantan flamenco desde lo más hondo de sus almas.

> «*La raíz del flamenco dicen que viene de... del árabe. Yo pienso que no, que el flamenco sale del pueblo andaluz, de las vivencias de los pueblos, de las personas de Andalucía. Bueno, el baile flamenco, el baile flamenco es, lo mismo que el cante, es la expresión que se le da a ese baile, la fuerza y la pureza con que se baila. El flamenco es un sonido, un sonido que entristece en algunos cantes y alegra en otros. Yo pienso que el flamenco es una de las culturas que hacen que el público conecte con ella antes que en otras culturas, porque yo he visto, incluso aquí en mi casa, gente, extranjeros que no saben hablar mi idioma. Sin embargo, yo he estado cantando por soledad y yo los he visto llorar y no saben lo que estoy diciendo, sino el sonido del flamenco los atrae y les hace llorar, incluso a gente extranjera.*»

También en España, algunos estudiantes vestidos con trajes medievales cantan por las calles de las ciudades. Estos grupos se llaman «tunas» y con sus melodías e instrumentos musicales mantienen viva aún hoy una tradición española de la Edad Media —de ir cantando y tocando por calles y mesones.

> «*Pues, una tuna es una asociación de estudiantes que por lo general hay en todas las facultades de España.*»

La música de los países de habla española es rica y variada. Sus sones y ritmos siempre invitan a bailar. La música —¡no se puede vivir sin ella!

YUCATÁN:
un lugar inolvidable

PUEBLOS INDÍGENAS
PRE-COLUMBIAN COMMUNITIES IN MEXICO AND BOLIVIA

«La única clasificación posible, real, de quién es indígena, es quien dice ser indígena y es aceptado por su grupo como indígena.»

En los continentes que llegaron a llamarse las Américas, vivían grandes civilizaciones mucho tiempo antes de la llegada de los europeos. Algunas de estas culturas ya estaban en desarrollo miles de años antes de Cristo. Estas civilizaciones vivían en diferentes regiones y cada una tenía su cultura y lengua propias. En menos de cien años desde que llegó Colón, despareció el 95% de la población indígena. Los aymarás, los quechuas, los maya-quichés, los nahuas. Estos son algunos de los pocos grupos indígenas que todavía sobreviven. La diversidad entre los pueblos indígenas es muy grande. Aunque hay muchas diferencias entre ellos, por lo general su vida es marginada y difícil.

Los nahuas

¿Qué grupo indígena tiene más habitantes en México?

«Los nahuas con aproximadamente dos y medio millones de... de personas.»

¿Y cuál es uno de sus pueblos típicos?

«Cuetzalan ¿no?, que es uno de los centros rectores de las comunidades indígenas de la sierra norte de Puebla. Es una comunidad prácticamente mágica ¿no?, que amanece con la niebla a ras de piso y se pasa la niebla todo el tiempo. Es una comunidad de lajas. Es un mercado muy importante y es un punto actual donde las tradiciones indígenas se mantienen vivas.»

Cuetzalan, como muchos otros pueblos indígenas, parece estar aislado y hasta escondido entre las grandes montañas donde las personas han vivido desde hace siglos. Pero, como cualquier otro pueblo, la gente tiene acceso a centros más poblados si los quiere. El hecho es que mucha gente prefiere vivir tranquilamente de acuerdo con las costumbres y tradiciones de sus antepasados. El pueblo de Cuetzalan tiene su vida propia como cualquier otro pueblo, pero esa vida propia es distinta por el fuerte sentido de comunidad que une a los habitantes —una comunidad en que se habla una lengua indígena, el náhuatl, más que el español.

«Voy a contar del uno al diez en náhuatl: (1) ce; (2) omy; (3) ey; (4) náhua; (5) macuy; (6) chicuace; (7) chicome; (8) chicuey; (9) chimahui; (10) mate.»

Muy cerca de Cuetzalan hay otra pequeña aldea: San Miguel de Tzinacapa. Los habitantes de San Miguel se despiertan muy temprano para comenzar sus actividades diarias. Hoy es un día más en la vida de esta comunidad; un día como cualquier otro en el que cada uno cumple con sus tareas, obligaciones y responsabilidades. Como en muchas otras comunidades, la división del trabajo es muy tradicional.

Las mujeres son responsables del hogar. Preparan la comida para toda la familia, limpian y lavan la ropa.

> *«Bueno. Pues, primero en la mañana, pues, preparo la cocina para darles comer a los niños y a mi esposo y a mi suegro. En la cocina, pues, ya me pongo a lavar un poquito y ya después termino de lavar, y pues tengo dos o tres horas, y luego ya... empiezo a tejer siquiera unas dos horas y otra vez me levanto para preparar a las dos... »*

Los hombres pasan la mayor parte del día trabajando en el campo; otros, que tienen sus pequeños negocios, se quedan en la aldea.

A las dos de la tarde, los niños, que han pasado toda la mañana en la escuela, vuelven a sus casas. Es la hora de la comida y el descanso. Después, los niños juegan y los padres vuelven a trabajar hasta el atardecer. La madre de la familia sigue la tradición de tejer preciosas telas para diversos usos. Ella venderá algunas de las telas en el mercado de Cuetzalan.

El día continúa y las tradiciones también. Este señor tiene dos profesiones. Es carpintero; también es curandero, un médico tradicional muy respetado en Cuetzalan y en otros pueblos. Esta noche, el curandero está haciendo una «limpia». Usa elementos naturales y les hace una oración a Dios, a santos católicos y a otras figuras religiosas. El curandero se dedica a curar. Entre otras cosas, trata enfermedades y ayuda a las personas a librarse de malos espíritus que afectan su salud.

Los habitantes de Cuetzalan conservan su lengua y costumbres. Sus conocimientos sobre la espiritualidad y el mundo interior de una persona siguen vivos.

Los aymarás

Desde la sierra de México hasta el altiplano de Bolivia, los pueblos indígenas tienen un fuerte sentido de comunidad y solidaridad. Saben que son miembros de una de las más antiguas sociedades del mundo.

> *«Eh... cuentan nuestros abuelos que los aymarás eran una civilización, una sociedad muy antigua. No se conoce la fecha de inicio, pero hay algunas aproximaciones. Eh, cinco mil años... eh... o siete mil años antes de Cristo, si queremos hacer históricamente.»*

Hoy en día, el 60% de la población de Bolivia es aymará. La mayoría de ellos todavía viven en la región andina. En esta región alta y montañosa, que está a 4000 metros de altura, los aymarás viven de la producción de la papa, de algunos cereales, y del cuidado de los animales, como las llamas y las ovejas.

> *«Ella hace labores de una mujer, ¿no? Cuida a las «guaguas», cocina, ah, sí, teje también, ¿no? Ah los hijos, también ayudan en el trabajo a su esposo. Después también trabaja.»*

«El noventa por ciento son bilingües, excepto las mujeres en la zona tradicional de Charazani o las regiones más alejadas de las ciudades, todavía son monolingües. Pero, la mayoría de los hombres son trilingües; es decir, aymará, quechua, y castellano. Los aymaras han ido también, diríamos históricamente, modernizándose, ¿no?, y ya no vemos en la ciudad, por ejemplo, con sus sombreros —con sus «hiuchus», sus ponchos, ya están de corbata; ya están hombres modernos. Pero, sin embargo, mantienen sus tradiciones. Entonces, ahora el dinero entre ellos es un uso común; pero en unas comunidades, en algunas comunidades, se mantiene todavía el trueque, el intercambio entre productos.»

El trabajo en la comunidad es esencial en la vida diaria de los aymarás. Un ejemplo de este trabajo es la construcción de una cancha de fútbol. Los miembros de la comunidad se reúnen para participar en las obras. La ceremonia que da comienzo a los trabajos es una oportunidad para compartir los frutos de la tierra entre ellos mismos y con Pachamama, la madre Tierra.

«Muchas gracias compañeros, muchas gracias... »

El sentido de comunidad es especialmente evidente en el día más importante del calendario aymará. Es su Año Nuevo, el 21 de junio. Como lo hacían sus antepasados hace miles de años los aymarás se reúnen para ver los primeros rayos del sol del año nuevo. Su bandera, con todos los colores del arcoiris, representa a un pueblo que sobrevivió primero al imperio inca y después al imperio español. Este día los aymarás celebran con orgullo su pasado y sus raíces indígenas.

Para los aymaras, hoy es un día de mucho significado: los primeros rayos del sol marcan el comienzo de otro día en la larga resistencia del pueblo.

LA IMPORTANCIA DE SER BILINGÜE

MILLONES EN EL MERCADO
MARKETS AND SUPERMARKETS

A lo largo de la historia, el mercado ha sido el centro para el intercambio de bienes y servicios. Aquí es donde se reúne la gente para vender y comprar, para pasear y conversar, y para sentarse a comer. En las ciudades más grandes así como en los pueblos más pequeños siempre han existido mercados. Algunos son permanentes mientras que otros se forman en días asignados. La gente viene de muchas partes con sus productos y transforma una plaza central en un mercado que sólo dura un día.

Hay supermercados modernos en las ciudades grandes pero los mercados más tradicionales siguen siendo muy populares. La cantidad de gente, los productos, los sonidos, los colores y los olores no se encuentran en ningún otro sitio.

Variedad de productos que se venden

La variedad de productos y servicios en los mercados es sorprendente.Y aunque hay mucha gente, siempre se puede encontrar lo que uno busca porque todo está muy organizado en los mercados. Hay secciones donde se vende todo tipo de comida como frutas, verduras y carnes. Hay áreas donde se venden animales para comer o para tener como mascotas. Hay secciones donde se venden artesanías, juguetes, piñatas y ropa. En algunos mercados, hay hasta una sección donde se venden artículos y remedios especiales, como, por ejemplo, yerbas, amuletos para evitar la mala suerte. También hay secciones del mercado donde se ofrecen una variedad de servicios como la de este señor en Bolivia que ajusta y remienda los sombreros de sus clientes.

> *«Unos veinte minutos para un planchado y limpieza de un sombrero.»*

Puestos y tiendas que se especializan en un producto

Hay puestos al aire libre y tiendas que se especializan en un solo producto. Esta tiendita vende solamente chiles.

En esta tienda se venden solamente botones. Y ésta vende diferentes tipos de plátanos.

> *«Tenemos ahorita dos, de dos tipos de plátano, éste, que es el tipo éste que viene de Chiapas, y éste es el que viene del estado de Tabasco. Son diferentes en calidad también en clase.»*

Hay sitios que sólo venden moles, un ingrediente típico en muchos platos mexicanos.

Aquí se venden solamente granos.

Este señor ofrece todo tipo de cuchillo imaginable.

También hay tiendas que tienen un surtido espectacular de dulces, dulces y más dulces.

El tamaño de algunos mercados es también impresionante. En el mercado La Merced, en la Ciudad de México, uno puede pasearse por más de diez cuadras. Los puestos de venta también se extienden por muchas cuadras en el mercado de El Alto, en Bolivia. Durante los días de venta, este pueblo se convierte en un gran mercado donde la gente viene a comprar artículos como ropa, comida y hasta herramientas y muebles para la casa. En Madrid, el mercado más famoso es El Rastro. Durante los fines de semana, El Rastro se llena de gente en busca de curiosidades y entretenimiento.

Regateo

Un aspecto importante de los mercados es la posibilidad de regatear. El regateo es una costumbre que existe todavía en muchos mercados. Se sabe que en muchos casos los precios no son fijos y que lo que uno paga por una cosa es el resultado de una negociación entre el vendedor y el comprador.

«¿La arveja?»

«Arveja libra, un peso. Cuarta y seis.»

«Cuarta seis. ¿La zanahoria?»

«Cuarta dos quinientos.»

«Dos quinientos. Dos dame, pues. Dos bolivianos.»

«Tres vendemos, dos cincuenta.»

«Dos pues, casera. Voy a comprar, pero en dos me das.»

«Ya.»

«Como en uno cincuenta.»

«¿Cuánto quieres, a cuarta?»

«Cuarta, no más.»

❀   ❀   ❀   ❀   ❀

El vendedor trata de vender su mercadería al precio más alto mientras que el comprador trata de comprar al precio más bajo.

«A mí me la pone en mil quinientos.»

«No, se las voy a dejar a dos mil.»

«No en serio, aquí a la vuelta me las dan en mil quinientos.»

«¿Pero cuántas se van a llevar y se las voy a dejar a... ?»

❀   ❀   ❀   ❀   ❀

Generalmente, se llega a un acuerdo satisfactorio. Gente de todas edades participa en el proceso de regateo. Así, a veces, pueden conseguirse verdaderas gangas.

«Buenas tardes, este, ¿qué precios tienen los monederos?»

«Ésos te salen a dieciocho.»

«¿Cuánto es lo menos?»

«Es lo menos. Es que somos fabricantes. No puedo.»

«Déjame en diez. Allá están a diez mil pesos.»

«No puedo. Somos fabricantes. Nosotros los hacemos. Ve la calidad.»

«Por eso, ustedes son los fabricantes. Los deben dejar más baratos.»

«No creo que te lo den más barato allá. Te lo dejo en dieciséis para que lo lleves. Pues mira, esta cartera el precio fijo es de dieciocho mil pesos. Así el cliente cuando me regatea, lo mucho, lo mucho lo que le podría yo bajar son quince mil. O sea que quede a quince mil. Es lo menos que la dejo.»

La relación social y la interacción entre las personas tienen mucho que ver con la popularidad de los mercados. En muchos casos, los vendedores y los clientes se conocen desde hace muchos años. Sin embargo, los mercados también nos ofrecen la oportunidad de conocer a nuevas personas y de variar el ritmo de la rutina diaria.

En el mundo hispanohablante, el mercado cumple una doble función: una función práctica que se logra al comprar algo que uno necesita o desea, y otra social que se satisface cuando uno regatea, conversa o se entretiene frente al espectáculo de la gente y las curiosidades. En los mercados, se compra, se vende y se juega a la vez. En los mercados, se estimulan todos los sentidos en un ambiente divertido y variado. Quizá no exista otro lugar tan conveniente o ameno para mantener el contacto con la comunidad como el mercado.

LA DIVERSIÓN Y EL TIEMPO LIBRE

JUEGOS Y DIVERSIONES
TRADITIONAL GAMES AND PASTIMES

A la gente siempre le hace falta divertirse, jugar y pasarlo bien con los amigos, no importa su edad ni su nacionalidad. Las horas libres son esenciales para descansar del trabajo, para cambiar la rutina diaria y para socializar. El día que las familias apartan tradicionalmente para salir a lugares públicos es el domingo. En las ciudades o en los pueblos, el parque ofrece atracciones para todos. Aquí, los niños usan los columpios, se trepan en los juegos rústicos y corren por todas partes. A los jóvenes les gusta patinar, andar en bicicleta y remar en el lago. A todos les gusta escuchar a los músicos ambulantes o ir a un concierto al aire libre. Lo bonito de todo esto es que no hay que gastar mucho dinero. Lo que la gente viene a buscar es la compañía de otras personas; a veces, entre más gente, mejor. El juego siempre ha sido una manera tradicional de divertirse. En algunos casos, el juego adquiere un carácter social y la gente juega en grupo. El canto y el movimiento al aire libre se basan en reglas sencillas que todos tratan de cumplir. La diversión viene de jugar y pasarlo bien con los amigos.

Los juegos eléctricos

Hoy en día, la tecnología ha introducido una gran variedad de juegos electrónicos. Los jóvenes se reúnen en salas como ésta para jugar individualmente con una computadora. El niño deja de jugar con los juguetes y es la máquina que juega con el jugador.

Juguetes en los mercados

En todo caso, los juegos y los juguetes tradicionales siguen siendo muy populares. Tradicionalmente, la gente se ha inventado sus propios juegos y juguetes. Muchos de éstos se compran muy baratos en los mercados.

> «Ésta es dama china. Lleva cuarenta canicas. Ésta es guitarra y ésta la pueden jugar los niños, guitarra. Ésta es una, una pirinola con base. Se juega así, mire. Ésta es matraca. Éste es boxeador. Pues éste es el balero. Éste es el balero. Éstas son las maracas. Mire. Ésta es la maraca. Éste es el yo-yo. Y éste es el trompo. Ésta es la maraca chica y ésta es flauta. Bueno, esto es lo, lo mexicano, lo tradicional que les gusta mucho a los niños. Sí, nada más.»

En los países de habla española, uno de los juguetes que más se ve es el trompo.

Los niños también juegan a las canicas en todas partes.

Y se ha jugado con el balero desde tiempos antiguos. Para ser bueno, hay que practicar mucho y tener cierta habilidad especial.

Juguetes y juegos tradicionales de Puerto Rico

Este joven muestra otros juguetes que son tradicionales en Puerto Rico.

«*Yo les voy a apostar que ustedes no saben lo que es esto. Una maraca, ah-ja, un yo-yo maraca, dos cigüeras; una está fija. La otra tiene movimiento. Un cordoncito cruza una de las cigueras, la que tiene movimiento. Pues miren qué sencillo es. Los niños tenían que preparar sus juguetes y ¿a qué ayudaba esto? A la creatividad. Una hélice, una varita, eh, eh, fina en uno de los extremos que tenga movimiento. La varita larga tiene ranura, entonces con otro pedacito de madera se va a friccionar y mire... Y con esto pues los niños, verás; como digo, se divertían. Eh, también entre los juguetes tenemos por ejemplo el maromero; los adultos deben conocerlo. El maromero. Éste está bien bonito, ¿verdad? Y se divertían viendo al, al maromero brincar. Esto pues está muy bonito porque lo hacen artesanos de aquí del área.*»

Rondas y juegos en grupo

En algunos juegos tradicionales también se hace bastante ejercicio, corriendo para colocarse en cierto lugar antes de otra persona.

«*Se trata de, bueno hacer la rueda, ¿no? Entonces, eh, la pareja que va afuera, le pega a otra pareja y la competencia es correr pero en contra. El que llegue primero, gana.*»

«*Queremos jugar ahorita al gato y al ratón. El gato pues sigue al ratón y cuando él, es alcanzado el ratón, el ratón se convierte en gato y persigue a la otra persona hasta que se pone en frente y el que está atrás; no puede haber tres. Cuando hay tres, el de atrás tiene que salir corriendo porque ése ya tomó el lugar del ratón.*»

El espíritu de diversión y la voluntad de jugar siguen vivos tanto en los adultos como en los niños de los países de habla española. Los juegos y las diversiones nos dan el placer necesario para renovar el ánimo y para compartir con los amigos el encanto de la risa y el compañerismo.

EL MEDIO AMBIENTE:
enfoque en nuestro planeta

NUESTRA NATURALEZA
THE PROBLEMS OF THE ENVIRONMENT

El problema del deterioro del medio ambiente nos afecta a todos. Bosques enteros están desapareciendo, ríos y mares se están contaminando. En la península de Yucatán, la lluvia ácida está destruyendo los templos de la antigua civilización maya. La selva amazónica en Sudamérica está sufriendo daños irreversibles como la desertización y la extinción de especies de animales y plantas.

> *«El problema es que la mayoría de los países latinoamericanos no tienen medios para evitar el deterioro de sus suelos, y al mismo tiempo deben explotar excesivamente sus recursos naturales para poder pagar su gigantesca deuda externa.»*

Costa Rica

La lucha contra la destrucción del planeta es de todos. La solución no es simple. Costa Rica es una nación que está tratando de proteger el medio ambiente a través del ecoturismo. Los parques nacionales que se han creado allí, como la reserva biológica de Monteverde, son una bella atracción turística y sobre todo sirven para la protección de la naturaleza. El dinero que los turistas dejan cuando visitan los parques ayuda a proteger las zonas naturales y a abrir nuevas reservas biológicas.

> *«Aquí tenemos un árbol muerto. Es un tronco suave. Uno pensaría que al morir un árbol, ya no es útil para la comunidad. Sin embargo, sí es útil, y es muy útil. Primero que todo, va a proveer los nutrientes para los demás animales, los demás organismos. Como pueden ver aquí, los hongos, los hongos que están colonizando, las algas y también muchas aves necesitan estos árboles para hacer sus nidos. Principalmente el quetzal. Costa Rica es un país que realiza ya unos esfuerzos para conservar su ambiente. Actualmente más del veinte por ciento de todo el territorio nacional está bajo algún tipo de manejo. Sin embargo, a veces la gente se pregunta, ¿siendo un país subdesarrollado y tan pequeño, podemos darnos ese lujo de tener todo este terreno en conservación? Pues, la única manera que podemos darnos ese lujo, es que esta tierra sea productiva.»*

Otra manera de crear conciencia ambiental entre los ciudadanos de Costa Rica, es mediante el Día del Árbol. En el Día del Árbol los niños siembran un árbol en su comunidad para reforestar. Esto los hace más conscientes del medio ambiente a una edad temprana.

¿Qué se hace el Día del Árbol?

> *«Más que todo se siembran árboles para la conservación de ríos, bosques, y así.»*

¿Por qué siembran árboles?

> *«Para que no se contamine el aire y que no se sequen los ríos.»*

¿Qué más se debe hacer para conservar el medio ambiente?

«Sembrar árboles, no usar aerosoles, este... cuidar de los ríos, no tirar basura.»

Puerto Rico

En Puerto Rico, también se hacen esfuerzos por conservar los bosques tropicales. La primera dama de la ciudad de San Juan comenta sobre el Yunque, uno de los bosques más antiguos en el mundo occidental.

«El Yunque representa para nosotros, eh diríamos, ah, un valor incalculable, ya que este, ah, hay especies allí, que si no son protegidas tendrían peligro de extinción. Está justamente la cotorra puertorriqueña en el Yunque. Y nosotros valorizamos muchísimo nuestras áreas verdes, ya que son las que permiten a un país, diríamos el balance ecológico tan necesario.»

México

Como muchos saben, el problema más grave de la Ciudad de México es la contaminación ambiental. El humo de las fábricas y de los coches contribuye a este enorme problema. De nuevo, la solución no es fácil para la ciudad más grande del mundo. Pero se están tomando medidas para tratar de mejorar la situación.

«La Ciudad de México es muy grande, con muchos millones de habitantes y de un día a otro no lo van a lograr. Pero sí, se están haciendo muchas cosas. El Bosque de Chapultepec, por ejemplo, estaba muy mal, muchos árboles se morían, muy sucio el lago. Y eso ya están empezando a solucionarlo. Cierran el parque un día y hacen mantenimiento, los coches un día no circulan, por ejemplo, y eso sí es efectivo porque si a usted lo agarran circulando se paga una multa, bastante grande.»

Una de las medidas para reducir la contaminación ambiental es el control del número de coches que circulan por las calles. Cada coche tiene una etiqueta de cierto color. Según el color, se dice que esos coches están en descanso. Es decir, que no pueden circular un día de la semana. Además, el gobierno requiere el uso de gasolina sin plomo, por parte de más y más taxis y autobuses. Estos nuevos vehículos se reconocen por su color verde. Pero de todos estos cambios, tal vez el mejor es el de los taxis ecológicos, los únicos vehículos que no contaminan el ambiente para nada.

«Soy Juan Manuel Argulle López. Soy un conductor de taxi ecológico y estoy contribuyendo este... para eliminar la contaminación aquí en la Ciudad de México. Hay que pensar en el futuro porque nuestros hijos ya al rato van a vivir de una manera muy espeluznante.»

España

En España muchas personas están tomando más y más conciencia del medio ambiente.

¿Cuáles son los problemas ambientales más graves en España?

«¿Aquí en España? Sobre todo los incendios. Está habiendo muchos. Estamos quedando que parece esto un desierto. La contaminación de las grandes ciudades, como puede ser Madrid en invierno. ¡Muchísimos!»

«No sé. Yo no sabría qué decirle. Quizá del abandono del campo. Posiblemente. Se está abandonando mucho el campo y desertizando.»

Como en todas partes del mundo, España tiene varios problemas ambientales. Uno de los problemas más serios y más comentados, es la desertificación —el peligro de que la tierra se convierta en un desierto.

«Los problemas más graves en el campo medio ambiental en España están relacionados con la desertización, el incremento de los procesos erosivos en el sureste de España. Bueno, el problema es que si cortamos indiscriminadamente los bosques, esos bosques en cierta manera protegen el suelo, y cuando no hay bosque, es mucho más fácil que los procesos de erosión avancen y se acentúen.»

¿Qué se está haciendo en España para proteger el medio ambiente?

«Recientemente, se ha aprobado en España la ley de aguas y la ley de costas. Que al menos en parte controlará, por ejemplo, el desarrollismo turístico de todo nuestro litoral.»

Como ciudadanos del mundo, ¿qué debemos hacer en el futuro para proteger la tierra en que todos vivimos?

«Menos incendios, procurar no contaminar el aire, y no contaminar ríos.»

«No sé, no tirar los papeles al suelo, y cuidar un poco las cosas estas.»

«Quizá, la humanidad, que cambiemos un poco.»

«Bueno, la defensa de la naturaleza, tiene que ser algo integral del conjunto. La naturaleza es de todos, y todos tenemos que implicarnos en su defensa. No vale que un país aisladamente, decida proteger la naturaleza. O todos nos implicamos o la naturaleza morirá.»

La preocupación por el deterioro del medio ambiente está aumentando alrededor del mundo. En las calles se ven carteles y rótulos sobre lo que la gente puede hacer para reducir la destrucción de la tierra. El mensaje es que la tierra está en peligro, pero que nosotros sí podemos hacer algo para salvarla.

«Hay que hacer una llamada especial a la gente joven, a las nuevas generaciones. Son ellos los que se van a encontrar un mundo totalmente degradado y en sus manos va a estar la salvación del futuro... »

CAMBIOS EN EL FUTURO

PASAJEROS A BORDO

REGIONAL AND URBAN TRANSPORTATION

Por aire o por mar, a caballo o a pie, en bicicleta o en coche, la gente se mueve, va de un sitio a otro constantemente.

Los medios de transporte dependen mucho de la geografía y las necesidades de cada población. En España y en Latinoamérica encontramos lo antiguo y lo moderno, lo más rápido y lo más lento, moviéndose juntos por las incontables vías de este mundo.

La barca de totora

Uno de los medios de transporte más antiguos que sigue en uso hoy en día es la barca de totora. Estas barcas se encuentran en el lago navegable más alto del mundo, el lago Titicaca, que queda en la frontera entre el Perú y Bolivia. La isla de Suriqui, en el lago Titicaca, es una comunidad boliviana que sigue construyendo estas barcas de la misma manera que los primeros incas lo hicieron hace miles de años.

> *«Nosotros somos los hermanos Limachi y vivimos acá en la isla de Suriqui y nosotros sabemos desde niños construir y mis papás también, mis abuelos. Desde generación tras generación, nosotros estamos construyendo como estas balsas. Y primeramente, para construir una balsa, sacamos la totora de las orillas y tiene que secar dos meses aproximadamente a la totora, para que comencemos una balsa. Y los instrumentos para construir... utilizamos una raíz de quisbara, se llama* casji, *y una piedra redonda para compactar.»*

Tan perfecta es la barca de totora, que se cree que los habitantes de este continente la usaron para viajar a lugares remotos mucho antes de la llegada de los europeos al Nuevo Mundo. En 1970, el antropólogo noruego, Thor Heyerdhal, comprobó que se podía cruzar el Océano Atlántico con este tipo de barca. La barca que realizó el famoso viaje se llama «RA II» y Juan Limachi fue uno de los constructores.

> *«Había una competencia también en esta isla y en ella ganó los hermanos Limachi y después fueron hasta África y construyeron allá el RA II.»*

¿Y cuál era la teoría del señor Heyerdhal?

> *«El del señor era la teoría de la migración de los primeros habitantes de Sudamérica. Podían haber navegado como de estas balsas los antiguos egipcios y también podían haber ido desde acá para allá.»*

El metro

En los centros urbanos, uno de los medios de transporte más convenientes es el metro. En la Ciudad de México, el metro no es sólo una manera rápida y económica de viajar, sino también uno de los transportes más eficientes en esta ciudad de más de veinte millones de habitantes. El metro ha servido al público desde 1969 y hoy en día tiene numerosas líneas de diferentes colores con más de cien estaciones.

¿Por qué toma usted el metro?

> «Por comodidad, por acortar distancias, uhmm... por también cuestión económica, es bastante económico.»

> «Nos facilita viajar, trasladarnos de un lado para otro sin problemas de congestionamiento de tráfico, de nada.»

> «Todos los días... este... vamos a la escuela y lo... y sí lo estamos ocupados, aparte de económico, es muy rápido.»

¿Cuántas personas usan el metro diariamente?

> «Creo que unas cinco o seis millones de gente diarias, diarias, diarias.»

> «Imagínese la población que usa el metro, es una población más grande que muchas ciudades que existen, que puede haber en el mundo, ¿no?»

Viajar en metro en la Ciudad de México es como viajar por la rica historia de esta ciudad. Algunas de las líneas coinciden con los caminos que hace más de quinientos años sirvieron para conectar secciones de la ciudad de Tenochtitlán, construida sobre el gran lago de Texcoco. La línea número dos, por ejemplo, sigue el camino que Cortés y sus hombres recorrieron desde la costa hasta el Zócalo, la gran plaza central de los aztecas.

Cada estación tiene también su propio símbolo. La estación del Zócalo, por ejemplo, se identifica con el símbolo nacional del águila y la serpiente. Aquí, en la estación del Zócalo, se encuentra un templo azteca que fue descubierto durante las excavaciones de los túneles para el metro. Estas ruinas aztecas forman parte de un museo subterráneo. En otra parada, la estación de Bellas Artes, abundan réplicas de arte precolombino.

Sin duda alguna, los mexicanos se sienten orgullosos del metro. Un metro limpio y seguro, económico y eficiente, que habla del glorioso pasado de la Ciudad de México.

RENFE, el tren español

En España el tren ha sido un importante medio de transporte. Las vías de los trenes han conectado la península ibérica con el resto de Europa por más de un siglo. RENFE, la Red Nacional de Ferrocarriles Españoles, ha cambiado considerablemente desde sus inicios en el siglo XIX. La velocidad y la puntualidad del tren español han mejorado en los últimos años. La fama de este sistema se está difundiendo en parte por las campañas de publicidad lanzadas por RENFE en España y en Europa.

> «Me llamo Juan José Muñena y soy director de publicidad de RENFE, la compañía española de ferrocarriles. Mi trabajo consiste en planificar las campañas de publicidad en todos los medios de difusión, como televisión, radio, prensa, revistas y vallas. Eh... tratamos de conseguir que la imagen de RENFE mejore cada día en España. Nuestro objetivo último es incrementar el número de viajeros que usan el tren.»

«En su próximo viaje condúzcase con prudencia, respete las distancias de seguridad, ceda el paso, preste atención a las obras, disfrute de las vistas panorámicas, de nuestra zona de servicios, visite el área de descanso. En estos días, aparque bien su coche y disfrute del tren.»

Hoy no sólo se le reconoce a RENFE por su eficiencia, sino también por sus trenes rápidos como el AVE, o el tren de alta velocidad.

El AVE se empezó a usar por primera vez en 1992, año de la Feria Mundial de Sevilla. Alcanzando una velocidad de más de doscientos kilómetros por hora, el AVE es uno de los trenes más rápidos del mundo.

La gran variedad de medios de transporte, en España como en Latinoamérica, demuestra la necesidad por parte de los seres humanos de buscar contacto y establecer relaciones con personas y puntos geográficos no conocidos. Desde las barcas prehispánicas hasta los trenes más rápidos, los países de habla española continúan gozando de una larga tradición de búsqueda y encuentro, de exploración y contacto.

LA COMUNIDAD LATINA

LATINOS EN LOS ESTADOS UNIDOS

THE GROWING PRESENCE OF LATINOS IN THE UNITED STATES

La presencia hispana en los Estados Unidos aumenta cada día. Éste es un hecho que muchos conocen pero que otros ignoran. Ya cerca de 25 millones de hispanohablantes viven en los Estados Unidos. La mayoría de ellos son de origen mexicano, puertorriqueño o cubano. Sin embargo, en los últimos años, muchos inmigrantes vienen también de Centroamérica y Sudamérica. A lo largo de los años, la lengua española ha influido mucho en el inglés. Por razones históricas muchas ciudades norteamericanas tienen nombres españoles; por ejemplo, San Antonio y Los Ángeles.

«Me llamo Isidra Martínez y soy dominicana.»

«Soy Alberto Partiño, soy de Ciudad de México.»

«Yo me llamo Karen Guerrero y soy de Ecuador.»

«Yo me llamo Mónica Guzmán y soy de Puerto Rico.»

«Mi nombre es Mauricio Gabriel Bermúdez y soy de Nicaragua. Bueno, vivir aquí tengo como casi diez años, diez o doce años yo... me... estaba viviendo de estudiante y ahora estoy trabajando.»

«Vivo aquí quince años.»

«Tengo cinco años en los Estados Unidos.»

«Hace como siete años.»

«Yo nací aquí.»

San Antonio

San Antonio, además de su nombre español, conserva sus raíces mexicanas. Toda la ciudad tiene un aire y un color mexicanos en el nombre de las calles, en su arquitectura colonial, en la música ranchera y en su comida basada en el maíz. San Antonio, por su historia, por su diversidad y por su gran carácter latinoamericano, es hoy un centro turístico muy importante. Su población, más de la mitad mexicoamericana, nos recuerda que Tejas antes era parte de México. Los mexicanos no se olvidan de que México perdió más de la mitad de su territorio nacional a mediados del siglo XIX.

«Vamos a hablar un poquito de cómo perdimos nosotros nuestros territorios y cómo Estados Unidos se adueñó de esa parte de nuestro territorio. Actualmente, si Uds. observan nuestra división, y la frontera es precisamente el río Bravo; pero vamos a ver cómo Estados Unidos se adueñó de toda la parte de arriba. Y vamos, por favor, Rafael, me haces el favor de repartirlos; Alejandra, me haces el favor de repartirlos. Vamos a iluminar de diferente color, por favor, cada parte que fuimos perdiendo en los diferentes años. Por favor, vamos a empezar a dibujar de rojo, lo correspondiente a mil ochocientos treinta y seis, que es la zona de Tejas. De azul vamos a poner lo que perdimos en mil ochocientos cuarenta y ocho, que corresponde a California, Nuevo México. Y de verde vamos a pintar lo que perdimos en mil ochocientos cincuenta y tres, que corresponde a lo que conocemos como la Mesilla.»

«¿Fue justo?»

«No.»

«¿Por qué? ¿Por qué no fue justo?»

«Porque nos obligaron a entrar en guerra y éramos, éramos pobres, no teníamos ejército y eso, y pues nos ganaron, y si no dábamos el territorio, íbamos a entrar otra vez en guerra.»

«Correcto.»

Los Ángeles

La presencia latina en California también tiene explicaciones históricas. California, como Tejas, Nuevo México y Arizona, también fue parte de México. En Los Ángeles viven hoy casi un millón y medio de hispanos. La mayoría son de origen mexicano y centroamericano. No hay que olvidar que Los Ángeles es hoy la segunda ciudad salvadoreña más grande del mundo. En las calles de Los Ángeles, como en otros lugares de Norteamérica, hay murales de colores vivos que reflejan el orgullo de la población latina. Es evidente que el arte es la expresión de una cultura y un espíritu propios adondequiera que vayamos.

«Soy estudiante de City College y estoy estudiando Human Services.»

«Yo soy... este... supervisor de una compañía de landscaping.*»*

«Sí, yo estoy estudiando. Estoy en tercer año de escuela superior y quiero ir para colegio para estudiar psicología o para ser abogada.»

«Trabajo como ingeniero mecánico en una compañía pequeña, con mi hermano mayor.»

«Sí, yo estudio en el high school de fashion industries.»

Y, ¿qué planes tienes para el futuro?

«Yo quisiera ser una diseñadora famosa y cuando termine la high school tal vez buscar un trabajo y luego ir a la universidad para graduarme en fashion».

«Con mi carrera, yo espero ser algo grande en el futuro para superarme.»

«Bueno, para el futuro... este... me gustaría continuar como ingeniero, posiblemente como en una compañía pequeña, comenzada con mi hermano mayor; en el futuro me gustaría tal vez ser parte, dueño también de la compañía.»

«Bueno, principalmente es... ah... establecerme por completo en la ciudad de Filadelfia, formar un, formar un, se puede decir una pequeña compañía un poco más adelante.»

«Yo quiero hacer una diferencia por la comunidad. Si yo, si yo, si yo me pongo a estudiar en colegio para ser algo, va a ser para ayudar a la comunidad propia, no para llevarlo para otro sitio porque lo necesitan más aquí.»

Miami

Miami es otro gran centro metropolitano y hay quienes dicen que ha llegado a ser la capital de América Latina. La presencia de hispanohablantes en esta región es bastante reciente. La mayoría llegaron a las costas de Florida huyendo de Cuba por motivos políticos y económicos. Aunque dejaron atrás su pasado, mantuvieron su lengua y su cultura. La Pequeña Habana, situada hoy cerca del centro de Miami, es un buen ejemplo de cómo los latinos han sabido mantener sus costumbres y su estilo de vida fuera de su país de origen.

«Bueno... eh... ¿qué me gusta hacer en mi tiempo libre? No tengo mucho tiempo libre últimamente, pero... este... eh... cuando era, cuando vivía en Nicaragua, originalmente, después en Costa Rica, este, me gustaba todo lo relacionado con el agua.»

«Me gusta bailar mucho. Me gusta... jugar pelota así.»

«Con mi familia, a menudo para estar juntos, salimos a los parques, salimos a divertirnos.»

«Pues, para pasatiempo, solamente leer.»

«Me gusta andar con las amigas, ir para el cine, leer, me gusta mucho leer, y pasear por ahí por todos sitios.»

Nueva York

Nueva York nunca fue parte del imperio español pero casi dos millones de latinos viven en esta gran ciudad. Muchos de ellos son de Puerto Rico y vinieron a este país durante las últimas décadas en busca de trabajo para mejorar su situación económica. Muchos de los puertorriqueños se concentraron en Nueva York con la esperanza de encontrar allí nuevas oportunidades. Aunque son ciudadanos norteamericanos, muchos de ellos no encontraron lo que buscaban. Sin embargo, todos ellos sí encontraron el compañerismo y el apoyo de otros latinos que también viven allí.

«El apoyo de los familiares es bien fuerte.»

«La familia hispana, yo siento que es un poco más... más unida, siempre están en grupos, siempre... siempre tratan de buscarse unos a otros. La familia anglo, veo, como que son un poco más separados, son más distantes.»

«Bueno sí, la familia es muy importante para mí. Si tuviera que poner... este... hacer prioridades, yo diría que sería la prioridad número uno.»

«Es importante porque cuando tienes problemas te pueden dar el apoyo.»

«Es que tiene una unión entre la familia, para siempre estar juntos.»

«La familia viene primero. Segundo vienen los estudios y también los amigos mejores se cuidan mucho.»

No hay que olvidar que hacia el año 2000 el quince por ciento de la población de los Estados Unidos será de origen latino. Hoy en día la presencia hispana en los Estados Unidos está más viva que nunca.

AUNQUE NO LO CREAS:
casos increíbles

PROFESIONES Y OFICIOS
TRADITIONAL AND NON-TRADITIONAL PROFESSIONS

En los países de habla española, la creatividad y el esfuerzo por ganarse la vida se manifiestan en una gran diversidad de profesiones y oficios. Todo el mundo trabaja. El trabajo es una parte integral de la vida diaria en todos los niveles de la sociedad. Las horas de trabajo y el lugar en donde se trabaja varían según la actividad y la demanda que exista por ciertos servicios o productos.

Médico en Cuetzalan

Algunas profesiones, como la del médico, requieren gran dedicación y preparación. Esto es evidente en el caso del médico de un pueblo que no sólo practica su profesión sino que es también un miembro importante de la comunidad a la cual está dedicado a servir.

«Buenos días. Mi nombre es Raúl Carvajal Aguilar. Soy médico. Estamos trabajando aquí en el hospital de Cuetzalan. Soy egresado de la Universidad Autónoma de Puebla. Tenemos laborando aquí en la unidad aproximadamente ocho meses. Trabajamos con mucho gusto, principalmente los médicos que somos recién egresados, porque tenemos buena captación de pacientes, un buen número de pacientes predominantemente indígenas.»

«¿Desde cuándo te duele el estómago?»

«En un día típico cuando estamos en consulta, vemos en la mañana, un promedio de quince pacientes. Yo, este, pude haber hecho cirugía general, pero me gusta un poco la comunidad y me voy a esperar un año más. Voy a estar aquí unos meses más.»

Coleccionista de insectos

Algunos oficios son especialmente atractivos para las personas que desean trabajar en contacto directo con la naturaleza. El oficio de este joven consiste en coleccionar y clasificar insectos para centros de investigación científica en Costa Rica.

«Trabajo en un programa de INBIO. Es Instituto Nacional de Biodiversidad. Y consiste en colección e identificación de insectos. Normalmente en un día normal, salimos al campo con red. Eh, agarramos mariposas, moscas, y después venimos al laboratorio para clasificarlos; identificación, y lo que estamos haciendo es elaborando una lista para nivel de Monteverde. Estamos haciendo una lista de los insectos más comunes. El tipo de entrenamiento fue un curso de siete meses, como aprender a coleccionar insectos y como aprender a identificarlos; también con un poco de taxonomía e historia natural.»

141

Primera dama de San Juan

Tradicionalmente, las mujeres han tenido responsabilidades importantes en el mantenimiento del hogar y de la vida familiar. Hoy en día, sin embargo, hay más y más mujeres que tienen cargos importantes en el mundo de los negocios así como en la vida política de su nación. Esta mujer es la primera dama de San Juan y usa su influencia en proyectos que benefician a Puerto Rico.

> *«Mi nombre es Sonia del Carmen Roca de Acevedo, pero todo el mundo me conoce por Carmencita. Sí, la primera dama es un puesto voluntario, y pues, entiendo yo que uno tiene la oportunidad de servirle a la gente a través de proyectos que uno entienda que sirven a toda la ciudadanía. En particular, como mi preparación es en educación, pues justamente me interesan los programas que van encaminados a los niños.»*

Gerente de una fábrica de vidrio

Hoy en día, más y más mujeres se están dedicando a la carrera de su preferencia. Una de estas carreras es la administración de empresas.

> *«Bueno, mire. Yo soy Lidia Vásquez Castrellón. Yo soy licenciada en administración de empresas... Pues en un día de trabajo desde la mañana que llegas, o sea, aquí no tienes un momento de descanso, es desde tomar la producción, ver personal, este, comprar las materias primas que necesitamos, el trato con clientes, este, atención a turistas, que tenemos muchos turistas también por aquí, muchos. Tenemos también muchos estudiantes, visitas de estudiantes de grupos universitarios y atención al público, a los clientes en general que afortunadamente son bastantes. Hasta... atender, este, la correspondencia. Tenemos el fax, los teléfonos y todo lo que sea necesario, lo que implique en sí la actividad ésta.»*

Camarero

Cualquiera que sea el oficio, es evidente que el sentido de vocación de la persona que trabaja le da dignidad a lo que hace. Este camarero español siente orgullo al hablar de su trabajo preferido en un restaurante de Córdoba.

> *«¿Y cómo es un día típico para usted, como camarero?»*

> *«¿Un día típico?»*

> *«¿A qué hora se levanta? ¿A qué hora empieza a trabajar?»*

> *«Pues, me levanto a las doce... doce... doce y cuarto. Me ducho, me arreglo y me vengo sobre la una menos cuarto, una menos diez a trabajar. Nos cambiamos y ya empezamos la labor de por la mañana. Dura sobre, sobre las cuatro y media o las cinco de la tarde. Regresamos a casa. Comemos. Nos duchamos otra vez y a las ocho, ocho y media otra vez de vuelta al trabajo.»*

> *«¿Hasta cuándo?»*

> *«Es un día, un día laborable normalmente, hasta las doce y media, la una o la una y media, según.»*

> *«¿De la mañana?»*

> *«De la mañana.»*

Peluquero

Otro oficio que se caracteriza por el contacto social entre la gente es el de peluquero. El peluquero no sólo corta el pelo sino que también se divierte conversando con sus clientes.

«*Bueno, mi nombre es Marlón Montero y me dedico al oficio de la peluquería. Ya tengo siete años de estar cortando pelo. Mi abuelo fue el que me enseñó el oficio, aquel señor. Bueno, es un trabajo que, día y, uno se roza con todo tipo de personas. Es uno de los oficios más limpios que hay, a pesar de todo y, porque desde muy niño, toda la vida viendo a mi abuelo cortar pelo, entonces también eso me llamaba mucho la atención, llegar a aprender a cortar pelo.*»

Fábrica de mecedoras

Muchos trabajos dependen directamente de la participación de toda la familia. En Costa Rica, los hermanos Rodríguez emplean su experiencia y su talento para continuar la tradición de fabricar mecedoras en el taller de su casa.

«*Eh, yo me llamo Mariano Rodríguez. La profesión mía es artesano. El taller es de seis hermanos. Todos los seis trabajamos aquí y, todos, desde pequeños aprendimos y ahí estamos. No hemos salido del ramo ese. Lo primero que, que se acostumbra hacer es cortar la madera cuando está cuadrada, larga y arrimarla a la otra máquina que vieron torneando. Ésa es la que se encarga. Es un torno copiador. Bueno, cuando el cuero llega, lo primero que hace uno es donde está la piel, cortarla. De último se, se va marcando con las marquitas que ustedes vieron y se va preparando, se va huequeando y a fin de semana ya va saliendo todo en conjunto.*»

Trabajos en el aire libre

Al andar por las calles, se encuentra a muchas personas que le ofrecen al caminante una variedad de servicios y de entretenimientos. Cada individuo deja el sello de su personalidad y de su creatividad en el producto de su labor y en el contacto que tiene con la gente. Este afilador circula por las calles de Madrid dejando los cuchillos como nuevos; esta mujer vende billetes de lotería que siempre están en gran demanda en la Plaza del Sol.

La dedicación de personas como éstas que trabajan al aire libre es tan importante como la dedicación de un profesional porque todos forman parte de un gran tejido económico y social. Sin duda, se ve que la sociedad funciona mejor cuando los que trabajan en ella cooperan, se ayudan entre sí y disfrutan de sus labores.

FIESTAS Y TRADICIONES

CREENCIAS Y CELEBRACIONES
RELIGIOUS HOLIDAYS AND CELEBRATIONS

En España y en Latinoamérica, varias de las principales religiones tienen largas tradiciones, así como millones de creyentes. Los distintos servicios religiosos tienen lugar en impresionantes edificios, cuya arquitectura los distingue claramente. Los musulmanes rezan en la mezquita, los judíos en el templo y los cristianos en la iglesia. De todas las religiones practicadas, la religión católica es la que predomina tradicionalmente en los países de habla española. Sin embargo, las celebraciones y los actos rituales tienen su origen no sólo en países europeos sino en civilizaciones indígenas americanas también. El resultado es una interesante combinación de tradiciones antiguas y modernas.

La cristianización en el Nuevo Mundo logró establecer un sistema europeo en América. Esta parte del mundo, sin embargo, ya tenía su propia organización en cuanto al mundo material, así como el espiritual, y muchos de los antiguos templos prehispánicos fueron destruidos en nombre de los Reyes Católicos y todos los santos. Con las mismas piedras de los edificios indígenas y a veces exactamente encima de ellos se construyeron iglesias de todos tamaños.

La Virgen de Guadalupe

En el antiguo centro religioso de Cholula en México, los españoles colocaron iglesias y capillas sobre cientos de pirámides que había allí. Al construir iglesias sobre pirámides, los españoles impusieron por fuerza la religión católica sobre las sociedades prehispánicas. Pero un evento que ayudó mucho a convertir a la población indígena al cristianismo en México fue la aparición de la Virgen en 1531. Se dice que un joven indígena, con el nombre de Juan Diego, vio a la Virgen al pie del cerro del Tepeyac, cerca de la Ciudad de México. Una basílica fue construida en el lugar del milagro y hoy día, el Día de la Virgen de Guadalupe, es la celebración religiosa más importante en México. Miles de feligreses hacen una peregrinación anual a la basílica de Guadalupe para adquirir la bendición de la Virgen.

> *«De la aparición de lo que vio... eh... Juan Diego, pues es algo muy singular, es algo que... pues fue único aquí en México y por lo tanto los mexicanos le tenemos mucha fe. Mucha gente acostumbra, la que es muy creyente, porque sí, hay mexicanos muy creyentes, acostumbran a llegar de rodillas aquí... eh... , yo creo que como todo estado, como todo país, tiene su... un santo a quien dirigirse, pues uno de los principales de los más importantes, es aquí la Virgen María y la Virgen de Guadalupe también.»*

Cada país, así como cada pueblo, tiene a la Virgen o a un santo como patrón. No sólo eso sino que cada persona tiene su santo también.

> *«Por ejemplo, el día 13 de julio, San Antonio, pues yo celebro ese día mi santo porque yo llevo el nombre de San Antonio de Paula. Aquí en España desde siempre se sigue celebrando, más que el cumpleaños; es decir que aquí se tiene la buena tradición de darle mucha importancia a la celebración de la onomástica, del santo... , ¿eh?»*

El cumpleaños mismo, especialmente cuando una muchacha cumple quince años, incluye una misa seguida por una fiesta.

Hoy en día la mayor parte de los latinoamericanos son católicos. Sin embargo, las tradiciones de las culturas indígenas siguen vivas. Esta integración de elementos prehispánicos y elementos españoles se ve hasta en la arquitectura. En la fachada de la gran catedral de la Ciudad de México, se pueden ver figuras de santos y ángeles con caras aztecas. Éstas fueron hechas por los obreros indígenas que construyeron las iglesias. Fue una ingeniosa manera de afirmar su identidad y de perpetuar su cultura a través de los siglos.

La celebración de Tata Inti y Pachamama

En Bolivia la integración de la religión católica y la religión de los indígenas es tal vez aun más visible. La cordillera andina y la selva amazónica, es decir, la geografía del país, aisló a muchas comunidades indígenas. Estas comunidades mantienen muchas de sus creencias y tradiciones a pesar de la influencia española en otros lugares. Muchos de los indígenas de los países de los Andes mantienen hoy algunas de las prácticas religiosas de las antiguas generaciones. En Tiahuanaco, entre las ruinas de lo que fue hace siglos un importante centro religioso de los incas, los descendientes de esta cultura siguen venerando a Tata Inti, el antiguo dios Sol y Padre del Universo.

> *«Según... hemos escuchado, y también sabemos... de que tiene una señal, de que Tata Inti... eh... claro... alumbra a todo el universo.»*

Esta celebración anual culmina con el amanecer, cuando sale el sol. Todos los participantes extienden los brazos hacia el sol para recibir los rayos de Tata Inti, la fuente de la vida.

Los aymaras también veneran a Pachamama, la Madre Tierra. En los mercados y en las calles se venden ofrendas a Pachamama. Las ofrendas incluyen raíces, dulces y hasta fetos de llama.

> *«Este polvito que he echado se llama «copal», que es para la salud, el incienso para el bienestar, para la felicidad; cada cosita de acá tiene su significado; éste es para la fortuna, para el dinero.»*

Los santos

Estas ofrendas se queman en espera de abundancia, prosperidad y fortuna. La perpetuación de las costumbres antiguas en tiempos modernos es evidente en las fiestas religiosas. Los pueblos de Bolivia, como todos los pueblos católicos, tienen su santo patrón. Hoy es el día de San Pedro y San Pablo en el pueblo de Achacachi. Es un día religioso y un día lleno de música y de baile. Los trajes y la música reflejan elementos antiguos y modernos.

> *«Eh... hoy día 29 de junio celebra la festividad de San Pedro y San Pablo, que es el patrono de la población de Achacachi. Como han visto, al patrono lo han sacado en una procesión y han hecho dar la vuelta a toda la plaza y ésa es la costumbre religiosa en todos los pueblos católicos de Bolivia.»*

Otra celebración religiosa que es el resultado de las creencias y costumbres de dos mundos diferentes es la fiesta de San Juan. En esta noche, cada hogar enciende una hoguera en la calle o delante de la casa.

> *«Este 23 de junio se celebra la fiesta de San Juan. Sí, éste es un ejemplo de una fiesta donde se han ensamblado las dos, la cultura indígena, vale decir, la cultura incaica, y la cultura de los conquistadores, o sea la cultura española.»*

«*Se tiene noticia de que esta celebración de San Juan durante el incario era fundamentalmente debida para combatir el frío de la época, se pensaba que era la noche más fría del año y ya con la venida de los españoles se toma ya una costumbre que es más criolla, en sentido de quemar todo lo que... lo viejo que uno tiene.*»

Las creencias y celebraciones de los pueblos latinoamericanos son resultados de una combinación de elementos y tradiciones del mundo viejo y del mundo nuevo de épocas remotas, así como más recientes. Este mestizaje religioso se refleja de año en año en una gran variedad de celebraciones. Estas celebraciones no sólo reafirman creencias espirituales sino que también ayudan a mantener la unión de la familia y de la comunidad.

LAS MUSAS:
las artes y la creatividad

LA LITERATURA ES FUEGO
MINI-PORTRAITS OF FAMOUS WRITERS

La literatura es fuego, así dijo el escritor peruano Mario Vargas Llosa. La literatura significa inconformismo y rebelión. La razón de ser del escritor es la protesta, la contradicción y la crítica. Su misión es agitar, inquietar, alarmar. Su función es estimular la voluntad de cambio y mejora.

«En América Latina, yo creo que la literatura tiene muchas veces aspectos de denuncia que quizá no tenga en otros países.»

❀   ❀   ❀   ❀   ❀

«Estoy de acuerdo con Vargas Llosa que escribir es una forma de denunciar, pero también es una forma de rescatar la memoria y entenderla porque somos eh, naciones donde los procesos históricos pasan tan rápido que a veces nos olvidamos de nuestra identidad y de nuestro sentido de memoria. Entonces sí, escribir es como un arma de fuego pero también tiene que ver con un fuego que perdura, como una luz que perdura.»

❀   ❀   ❀   ❀   ❀

«Uno siente adentro realmente algo que no está, normalmente, en uno cuando no escribe, sobre todo en los primeros momentos de empezar una obra, uno siente mucho ese, esa sensación eh, que a veces en mí es tan grande que tengo que levantarme digamos del asiento y dar cuatro, cinco vueltas por el cuarto y volverme, volverme a sentar otra vez porque realmente se siente una, una tensión o, una, esto, como una especie de efervescencia, o como una especie de fuego, digamos, interior que tiene que salir. Y claro, uno está evitando, controlando ese fuego, tratando de llevarlo, digamos, a las normas del cuento que por cierto son bastante estrictas.»

Benítez-Rojo

Antonio Benítez-Rojo es un escritor cubano que se dedica más que nada al genero literario del cuento. Dos de sus colecciones más famosas son *Tute de reyes* y *El escudo de hojas secas*.

«La literatura es la posibilidad tanto para el autor como para el lector de visitar otros mundos. Es como, digamos, esta cuestión de «virtual reality», de la realidad virtual, ¿no? Es la posibilidad que uno tiene de hacerle viajar, hacer viajar a un lector hacia países que nunca tenía pensado viajar. Digamos si yo estoy escribiendo desde Cuba y estoy escribiendo un cuento cubano, pues a lo mejor hay un lector en Finlandia que jamás se le ocurriría pensar en Cuba, y entonces lee ese cuento y tiene la posibilidad de trasladarse a Cuba, de conocer a los cubanos, o a los mexicanos, o a los franceses, o a los... , en fin... »

Poniatowska

Elena Poniatowska, novelista mexicana, es conocida por sus obras biográficas y testimoniales. Uno de sus libros más conocidos es *La noche de Tlatelolco*.

> «*Este libro tiene una función casi periodística porque narra un, una masacre a partir de las seis de la tarde del dos de octubre en la curiosamente llamada «Plaza de las Tres Culturas». Entonces en esta plaza murieron según el periódico inglés* The Guardian *más de quinientas personas entre niños, mujeres, mujeres embarazadas y sobre todo «Edecanes»; una muchacha vestida con su uniforme ganó las Olimpiadas porque unos cuantos días después se inaugurarían en México los Juegos Olímpicos de 1968 y el gobierno tenía mucho interés en quedar bien con el mundo, con todos los periodistas que habían llegado y por eso no querían que los estudiantes fueran a boicotear el, el, pues, las Olimpiadas, ¿verdad? Esto se trató de documentar un hecho sobre el cual los periódicos no querían hablar, no hablaban los políticos, no hablaba el gobierno, había orden del gobierno de silenciar el, la masacre en los periódicos. Entonces por eso entró este libro. Entonces la función del libro es un poco llenar los espacios que se quedan vacíos por la censura o por orden gubernamental o por simple olvido. ¿No?*»

Agosín

Marjorie Agosín es de Chile y escribe poesía.

> «*Aunque me gusta escribir de todo, escribo cartas, ensayos. He escrito una primera colección de cuentos que se llama* La felicidad, *pero pienso que la poesía me escogió a mí desde muy niña, más o menos desde que tenía ocho años y pienso que es una, ah, un lenguaje casi mágico y sagrado del cual yo no tengo mucho control y pienso que es un obsequio, el poder expresarse por medio de la poesía.*»

Algunos de sus poemas hablan sobre las madres de jóvenes que desaparecieron durante los largos años de gobiernos militares en Sudamérica.

> «*Éste es un verso que está basado en la figura de René Pelvao, que es una de las fundadoras de Madres de Plaza de Mayo, y René Pelvao perdió en esta época de la dictadura tres hijos y este poema está dedicado a su hija de diecisiete años.*»

«*Cuando me enseñó su fotografía*
me dijo
ésta es mi hija
aún no llega a casa
hace diez años que no llega
pero ésta es su fotografía.
Es muy linda, ¿no es cierto?
es una estudiante de filosofía
y aquí está cuando tenía
catorce años
e hizo su primera
comunión
almidonada, sagrada.
Ésta es mi hija
es tan bella
todos los días converso con ella
ya nunca llega tarde a casa, yo por eso la reprocho
mucho menos

pero la quiero tantísimo
ésta es mi hija
todas las noches me despido de ella
la beso
y me cuesta no llorar
aunque sé que no llegará
tarde a casa
porque tú sabes, hace años que
no regresa a casa
yo quiero mucho a esta foto
la miro todos los días
me parece ayer cuando
era un angelito de plumas en mis manos
y aquí está toda hecha una dama
una estudiante de filosofía
una desaparecida
pero ¿no es cierto que es tan linda,
que tiene un rostro de ángel,
que parece que estuviera viva?»

Benítez-Rojo

¿Cuál es la definición de la literatura para Ud.?

> «*En primer lugar, tiene que ser un arte, pero justamente porque es un arte, el lector puede, es enganchado por esa experiencia estética y puede ser conducido a países, a momentos trascendentales, a enfrentarse, digamos, a la muerte, a enfrentarse al peligro, a enfrentarse a la pasión, a los celos enfermizos cómodamente, ¿no? Digamos es una posibilidad de vivir múltiples vidas.*»

Agosín

¿Qué consejos le daría Ud. a un estudiante de literatura?

> «*El consejo primero que le daría es que hay que respetar mucho a las palabras porque las palabras son mucho más poderosas que cualquier arma de fuego y una vez que tú escribes o dices ciertas palabras, no se pueden devolver. Las palabras quedan. Las palabras son inmortales y el consejo que le daría es que lea como si estuviera escuchando la voz de una persona querida, como que si el escritor o la escritora fueran sus amigos y como si el lenguaje fuera una de las formas más nobles de comunicarse con otra persona.*»

Poniatowska

¿Qué es lo que más le gusta de la literatura?

> *«¿Qué es lo que más gusto me da a mí personalmente en la vida? Nunca me habían hecho esa pregunta. De la literatura a mí creo que lo que más me emociona, lo que más me gusta es leer un buen libro, el hecho de tener un libro que amo, este, entre las manos y de leerlo y luego de ver que se termina. Yo recuerdo que hay un libro que yo tengo que parece un sudario, bueno, ya parece una vieja, de trapo mojado, pero que lo amé muchísimo cuando lo leí que se llama* Conversación al sur *de Marta Traba que me emocionó mucho. Lo quise mucho y es un libro que además yo cargué mucho tiempo conmigo. Como era chiquito, durante mi bolsa, en mi bolsa y lo llevaba conmigo. Era como llevar un pajarito, o un animalito, que era algo mío. Entonces yo creo que el hecho que más me gusta de la literatura ni siquiera es escribir yo, aunque claro que me gusta escribir, ¿no?, sino, no lo haría, pero lo que más me gusta si lo pienso bien es eso, leer un libro que me emociona y que me gusta y que me enriquece y que me da, y que, que me alimenta.»*

En fin, si la literatura en sí no produce cambios, lo cierto es que es uno de los mayores caminos al conocimiento de la realidad en todas sus dimensiones.